Nikola Hollmann & Andrea Slavik

Märchenhaft wandern

Unterwegs zu sagenhaften Orten im Ruhrgebiet

aktiv
KLARTEXT

Bildnachweis

Adobe Stock: Anatolii: 17; Imago Images: agefotostock: 114/115, blickwinkel: 22, 52, 55o., Rupert Oberhäuser: 4/5, Werner Otto: 10, 49, 70, 87, Jochen Tack: 32/33, 36, 48, Zoonar: 73 u. Alle anderen Fotos stammen von den Autorinnen.

Bibliografische Information der Deutschen Nationalbibliothek
Die Deutsche Nationalbibliothek verzeichnet diese Publikation in der Deutschen Nationalbibliografie; detaillierte bibliografische Daten sind im Internet über portal.dnb.de abrufbar.

Impressum

3. Auflage Juli 2023
Lektorat: Kirsten Düspohl
Satz und Gestaltung: Birgit Lonsdorfer
Druck und Bindung:
AALEXX Druck Produktion, Thönser Str. 5a, 30938 Burgwedel
Umschlaggestaltung: Guido Klütsch
Umschlagabbildung: Imago Images/Rupert Oberhäuser
Autorinnenfotos hintere Umschlagklappe: Andi Werner, Birgit Pichler
Übersichtskarte Seite 6/7: © Regionalverband Ruhr
Wanderkarten: © OpenStreetMap-Mitwirkende

ISBN 978-3-8375-2433-8

KLARTEXT

Jakob Funke Medien Beteiligungs GmbH & Co. KG
Jakob-Funke-Platz 1, 45127 Essen
info.klartext@funkemedien.de
www.klartext-verlag.de

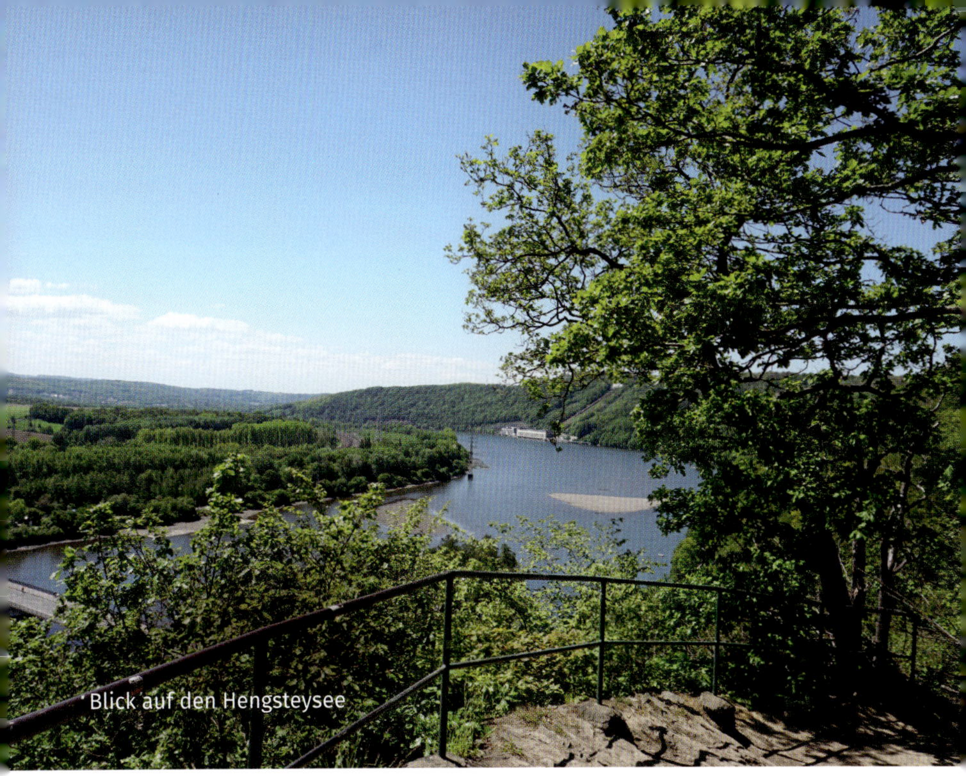

Blick auf den Hengsteysee

Legende

- Startpunkt
- Zwischenziel
- Zielpunkt
- Haltestelle
- Parkplatz
- Gastronomie
- Aussichtspunkt
- Sehenswürdigkeit
- Kunstobjekt
- Kulturstätte

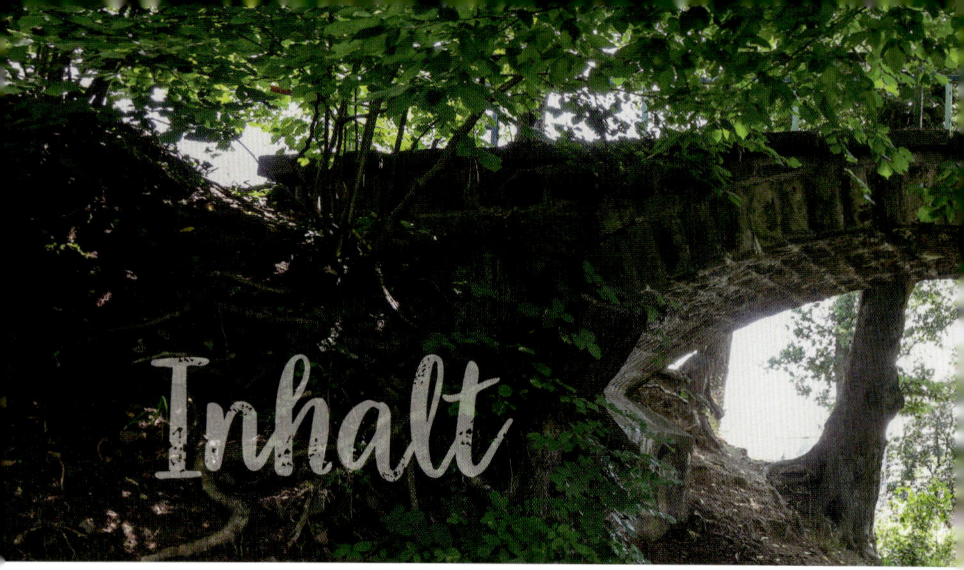

Inhalt

Vorwort Märchenhaft wandern im Ruhrgebiet 8

Tour 1 *Von Mondnächten und Sonnenschein*
Drevenack, Krudenburg und Haus Schwarzenstein 10

Tour 2 *Im Reich der Fürstäbtissinnen*
Auf grünen Wegen rund um Borbeck 22

Tour 3 *Von Liebe und Verrat*
Märchenhafte Landschaft im Essener Süden 36

Tour 4 *Menschenhand und Gottes Werk*
Zwischen dem „echten“ Mechtenberg und der Halde Rheinelbe 48

Tour 5 *Zwei-Burgen-Runde*
Von Blankenstein nach Kemnade 60

Tour 6 *Die Nixe und die Gottesmutter*
Marienwallfahrtsort und historischer Friedhof in Stiepel 70

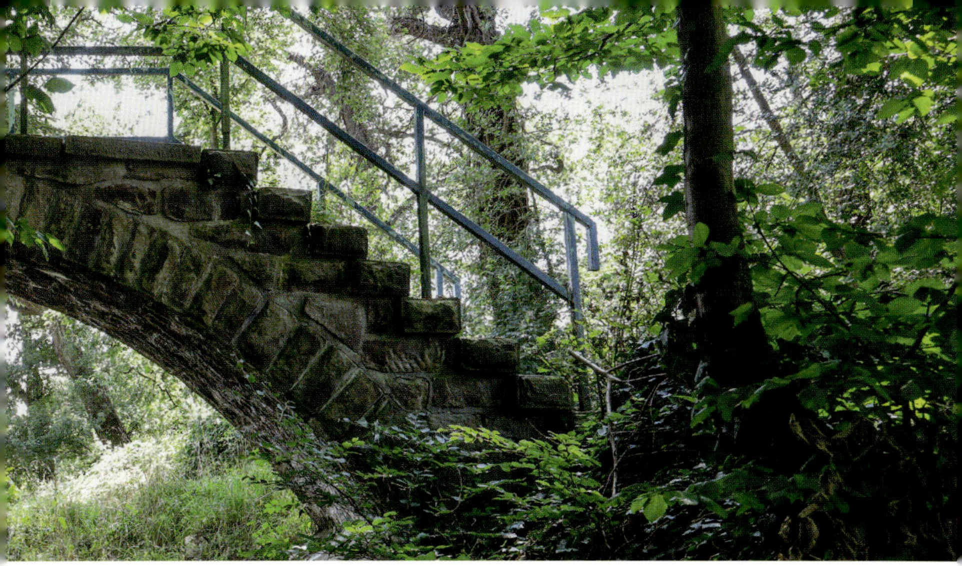

Tour 7	*Wo Mensch und Erde sich begegnen* Im Muttental, wo alles begann	84
Tour 8	*Wo Karl der Große die Sachsen besiegte* Kurze Runde um die älteste Kirche Westfalens in Syburg	96
Tour 9	*Durch Kathedralen aus Buchen* Wanderung zu den Ewalden von Aplerbeck	110
Tour 10	*Von Hexen und grauen Mönchen* Über sandige Wege durch die Hohe Mark	124
Tour 11	*Was die Teufelssteine erzählen* Auf den höchsten Berg des Naturparks Hohe Mark	136
Tour 12	*Der gewitzte Mönch* An Kanal und Lippe in Hamm	148
Praktische Hinweise		160

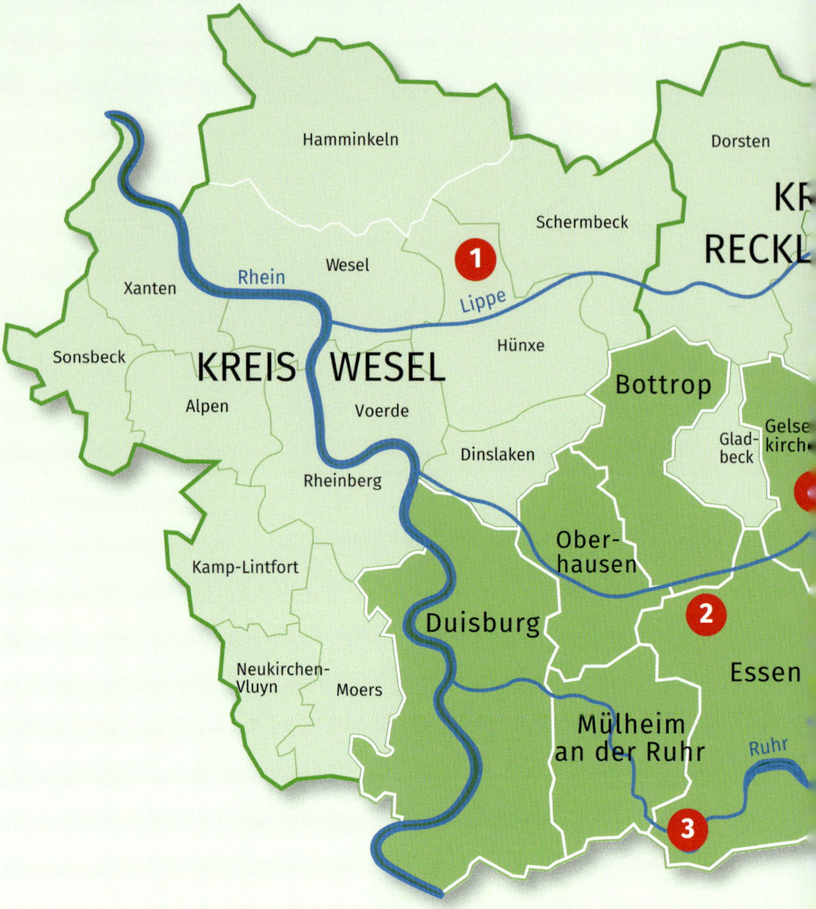

1 Drevenack, Krudenburg und Haus Schwarzenstein
2 Auf grünen Wegen rund um Borbeck
3 Märchenhafte Landschaft im Essener Süden
4 Zwischen dem „echten" Mechtenberg und der Halde Rheinelbe
5 Von Blankenstein nach Kemnade
6 Marienwallfahrtsort und historischer Friedhof in Stiepel
7 Im Muttental, wo alles begann
8 Kurze Runde um die älteste Kirche Westfalens in Syburg
9 Wanderung zu den Ewalden von Aplerbeck
10 Über sandige Wege durch die Hohe Mark
11 Auf den höchsten Berg des Naturparks Hohe Mark
12 An Kanal und Lippe in Hamm

Die Touren in diesem Buch

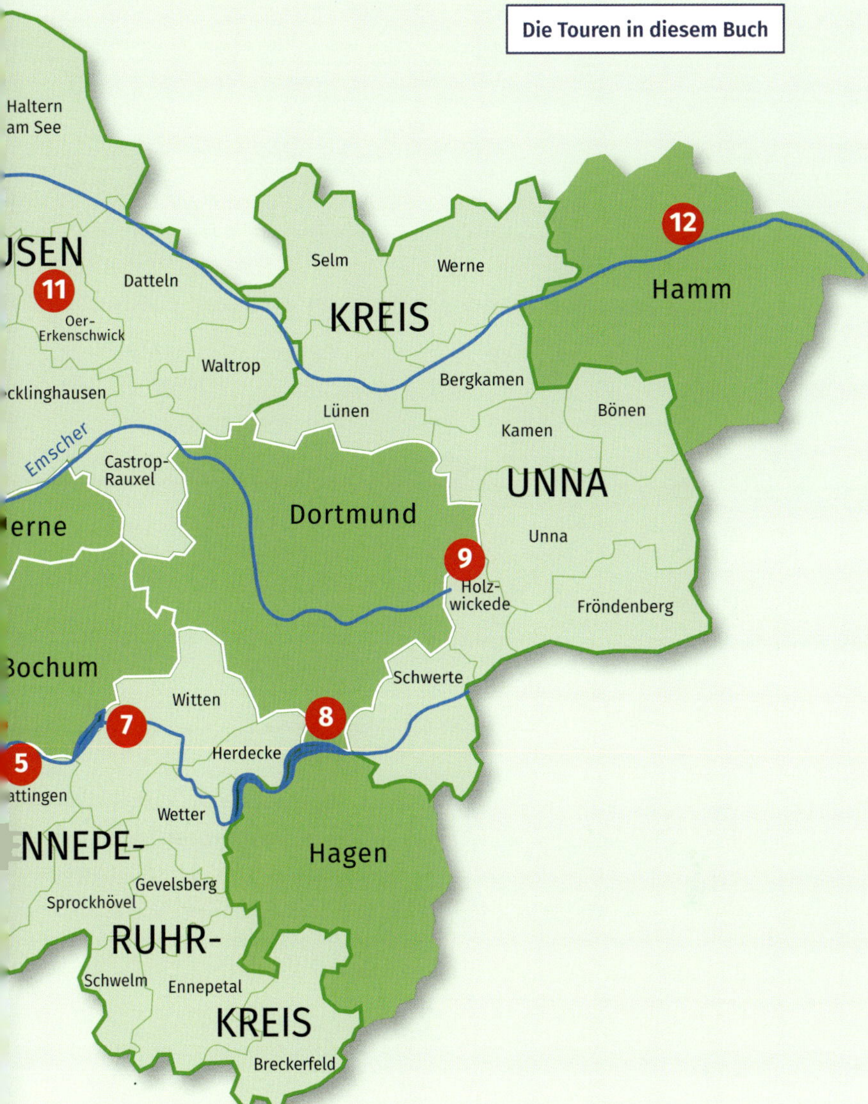

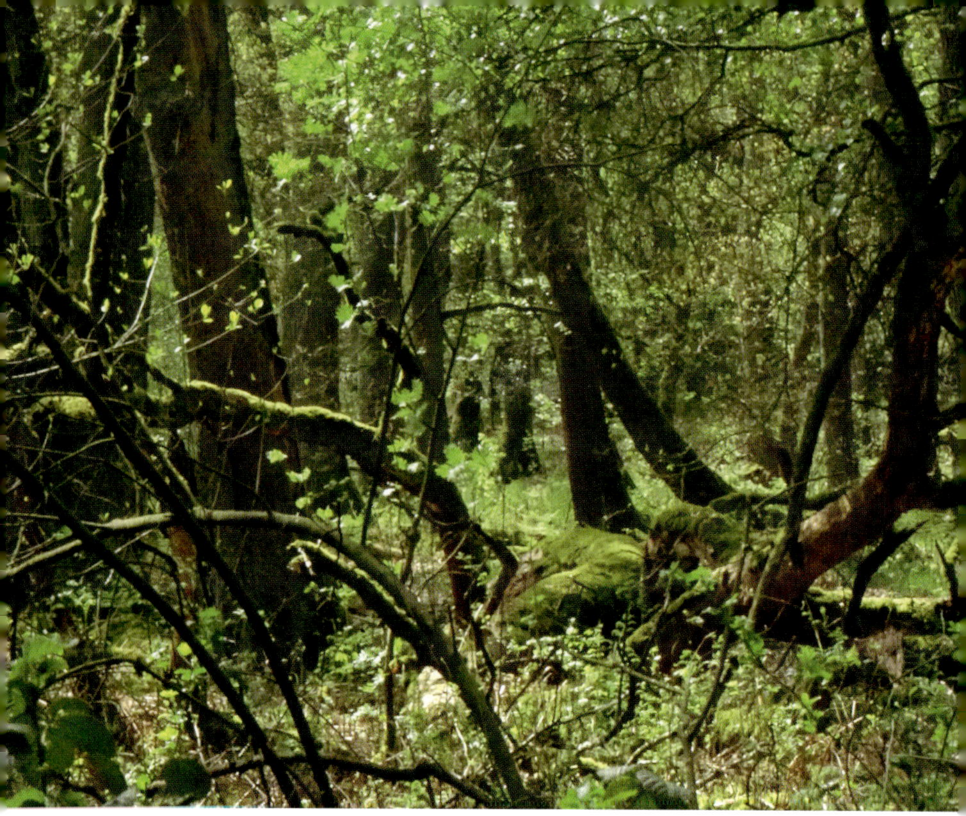

Märchenhaft wandern im Ruhrgebiet

Märchen und Ruhrgebiet? Die Geschichte der Region ist so sehr geprägt vom Zeitalter der Schwerindustrie, dass ganz aus dem Blick gerät, dass hier vorher eine bäuerliche Kultur, Fürstentümer und Abteien das Leben prägten und ganz alte Siedlungsspuren an vorgeschichtliche Menschen erinnern. Wie überall sonst sind auch hier Sagen und Legenden entstanden, die bis heute weitergegeben werden, so wie die von den Ewalden in Aplerbeck oder dem Guardian des Franziskanerklosters in Hamm. Oder es gibt so märchenhafte Ereignisse aus Vergangenheit und Gegenwart, dass sie die Phantasie zu neuen Geschichten anregen, die ebenfalls erzählt werden wollen: Die Geschichte von einem schwarzen Kammerdiener der Essener Fürstäbtissin ist so ein historisch belegtes Ereignis, das wir mär-

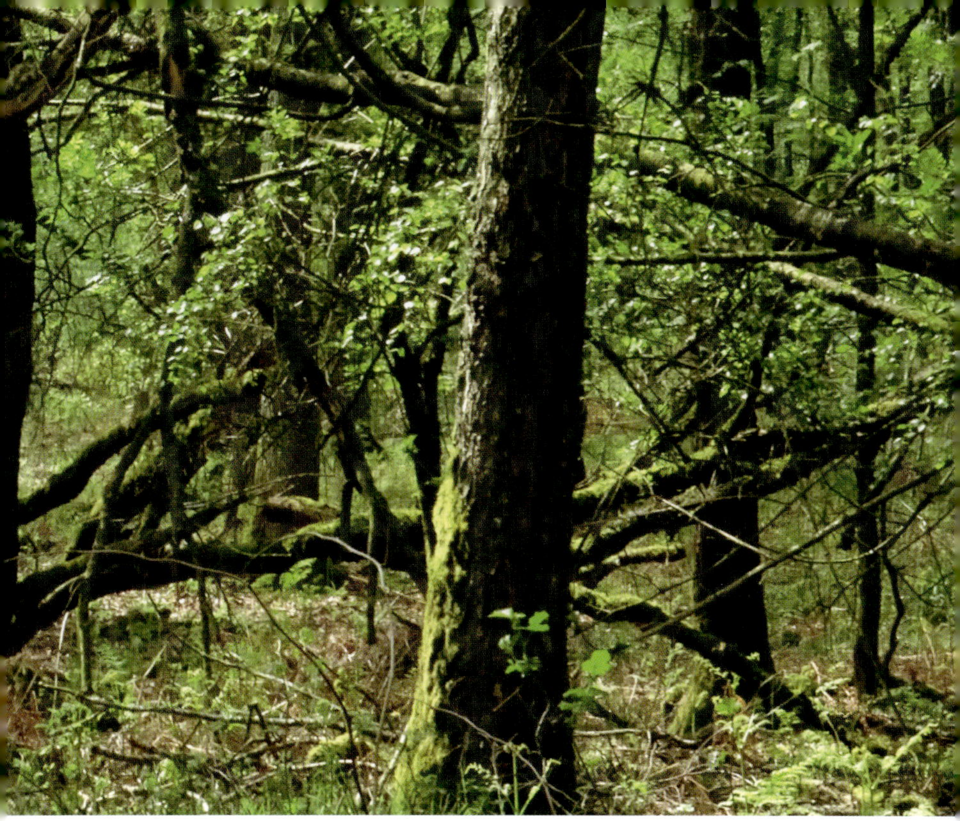

chenhaft aufgegriffen haben. Zu der Geschichte der Legehenne Berta aus Krudenburg hat uns der dort ansässige Gnadenhof inspiriert. Und dann gibt es Geschichten, wie die von Haus Kemnade, die alte Weisheiten enthalten, die immer noch Gültigkeit haben.
Begleiten Sie uns auf unserer Wanderschaft durch das Ruhrgebiet zu diesen märchenhaften Orten: wandern, Geschichten lesen, phantasievoll durch die alten Schauplätze schlendern, das Kindliche in uns wiedererwecken und vielleicht selbst das eine oder andere Abenteuer erleben. Lassen Sie sich entführen in eine andere Zeit.
Es war einmal ...

Nikola Hollmann & Andrea Slavik

Von Mondnächten und Sonnenschein

Drevenack, Krudenburg und Haus Schwarzenstein

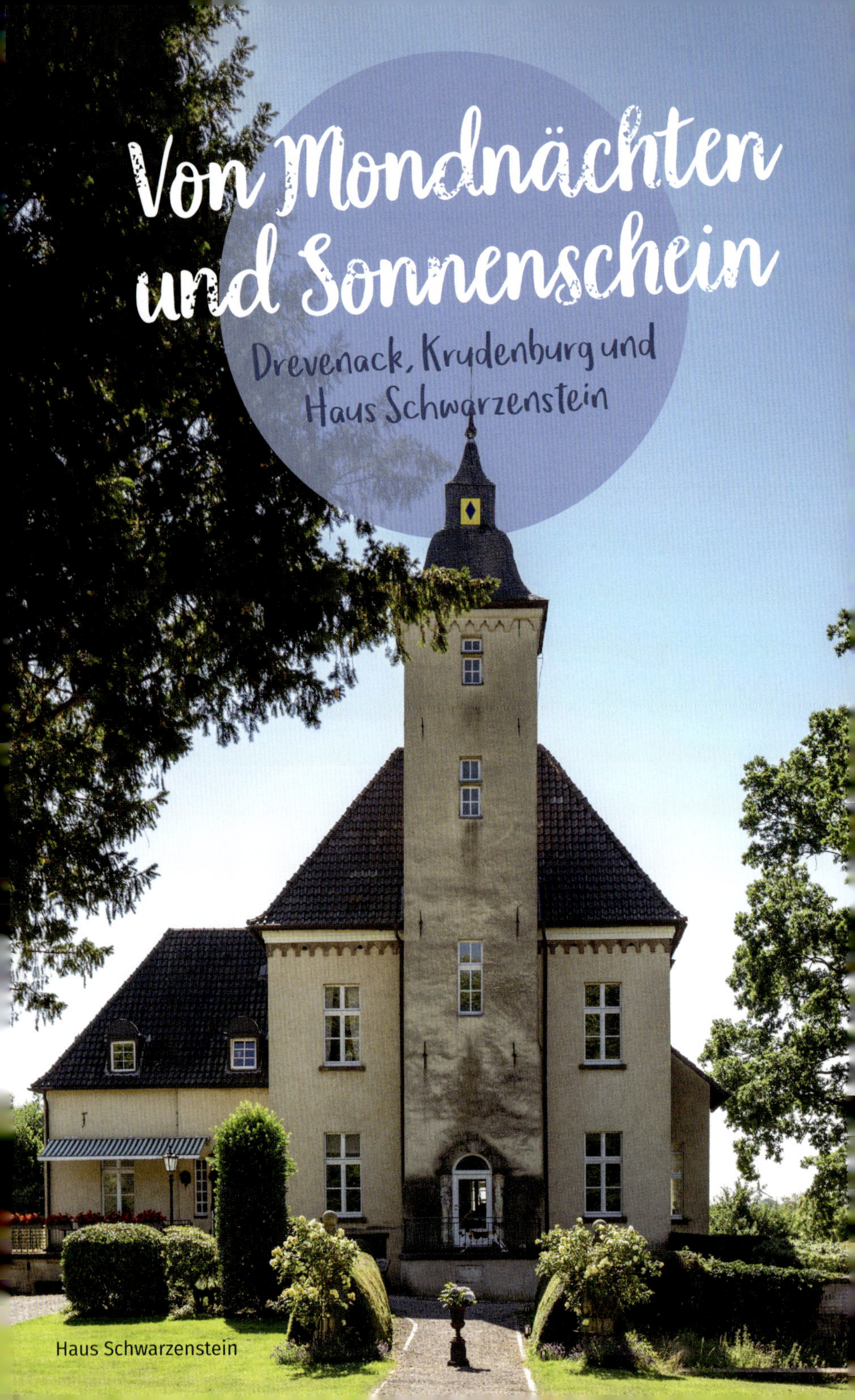

Haus Schwarzenstein

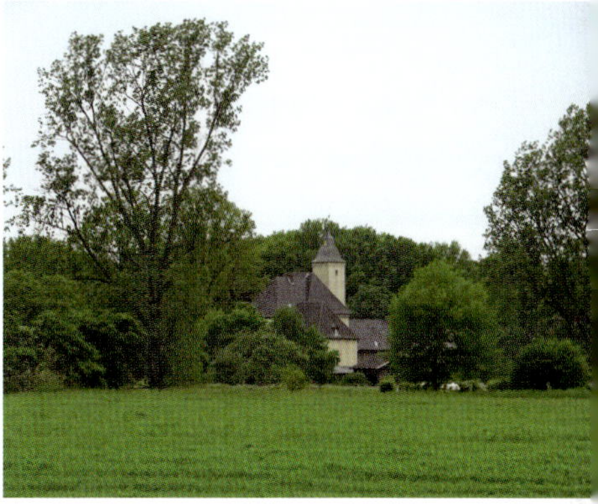

Hinter den Lippeauen zeigt sich die ehemalige Ritterburg.

Auch wenn man auf dieser Runde zweimal die Autobahn queren muss: Die von der Lippe geprägte Landschaft ist ein Erlebnis. Und wer Haus Schwarzenstein erreicht, wird sich in eine andere Zeit versetzt fühlen. Vielleicht wird man es nicht spuken hören, aber man wird sich fühlen wie bei „Ferien auf dem Immenhof", also ein bisschen wie in den 60er- und 70er-Jahren des vergangenen Jahrhunderts, so beschaulich und friedlich wirkt es hier. Dazu passt auch unsere erste Erzählung aus Krudenburg. Die ist allerdings von der heutigen Realität inspiriert: ein Gnadenhof für Legehennen – diese Geschichte muss einfach erzählt werden.

Tour 1

2:30 Std. | 10 km | 10 Meter

Start/Ziel: Kirchstraße, 46569 Hünxe-Drevenack
Wegbeschaffenheit: überwiegend Wald- und Feldwege, Asphalt
Anreise mit ÖPNV: Haltestelle Drevenack Küsterstege

Wegbeschreibung: Am Drevenacker Wanderparkplatz in der Kirchstraße starten wir nach links, gehen sofort rechts in den Römerweg und biegen links in den Keltenweg ab.

Wir begegnen einigen freilaufenden Hühnern an einem Hof mit Bauernladen und biegen gleich dahinter nach links ab. Über einen schmalen Pfad erreichen wir geradeaus eine kleine Straße, in die wir nach links einbiegen. Wir gehen noch nicht auf direktem Wege nach Krudenburg, sondern nehmen den gleichnamigen Weg, der am Schützenhaus nach links abbiegt. Nach der Rechtskurve liegt auf der Böschung der alte jüdische Friedhof.

Bald queren wir eine Straße und gehen gegenüber in den geschotterten Weg. In einem Bogen nach links führt ein Feldweg auf den Damm zu und wir erreichen das Dorf. Rechts hinter der Wiese liegt die Crudenburg. Am Brunnen wählen wir die gepflasterte Straße durch den Ortskern und biegen dahinter nach links ab. Ein schöner Pfad führt uns an der Lippe entlang und dann wieder aufs Feld, wo wir in den Querweg nach links einschwenken.

Der Abschnitt durch die schöne Auenlandschaft wird vom Rauschen der Autobahn getrübt, die wir linksherum unterqueren. Auch wenn wir Haus Schwarzenstein schon bald sehen können, müssen wir zunächst die Autobahn noch ein Stück nach Norden begleiten, bevor der Wanderweg schließlich am Waldrand nach Westen führt und nach einer Rechtskurve einen Wanderparkplatz erreicht. Die schmale Straße führt nach links an der Erbbegräbnisstätte vorbei bis zum Schloss.

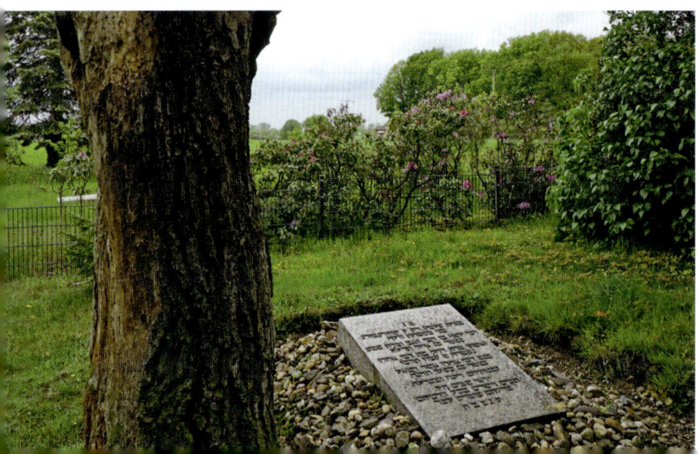

Am Jüdischen Friedhof von Krudenburg

Am Weg

Der Ort Krudenburg

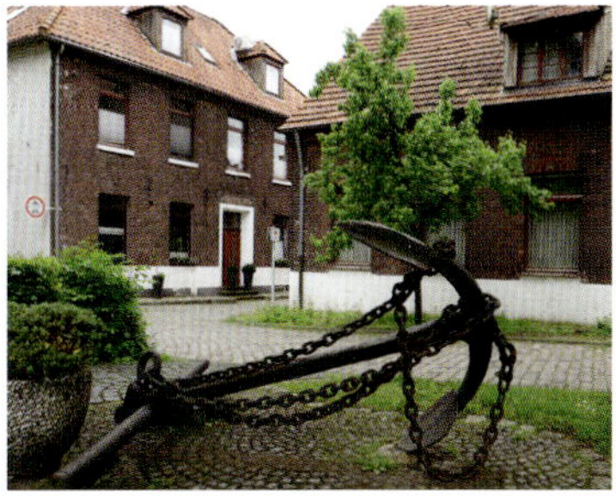

Am Krudenburger Dorfplatz

Sein Name leitet sich vom Wort Krude ab – was Kröte heißt. Deshalb steht im alten Fischerdorf ein Froschbrunnen. Der Ort war schon immer eng mit der Lippe und ihrer Nutzung als Transportweg verbunden. Schon 1362 wurde der Fluss bei Wesel ausgebaut, um Güter leichter schiffen zu können. Bei Krudenburg war eine Wassermühle verankert, die beiseitegeschoben werden musste, um die Schiffe passieren zu lassen. Entlang der Lippe bei Krudenburg zogen die Pferde auf den Treidelwegen die Segelschiffe flussaufwärts. Der Ausbau der Zugstrecken nahm der Flussschiffahrt im 19. Jahrhundert ihre Bedeutung. Doch bis heute erzählt der Hünxer Ortsteil Krudenburg von der großen Bedeutung der Lippe.

Die Crudenburg

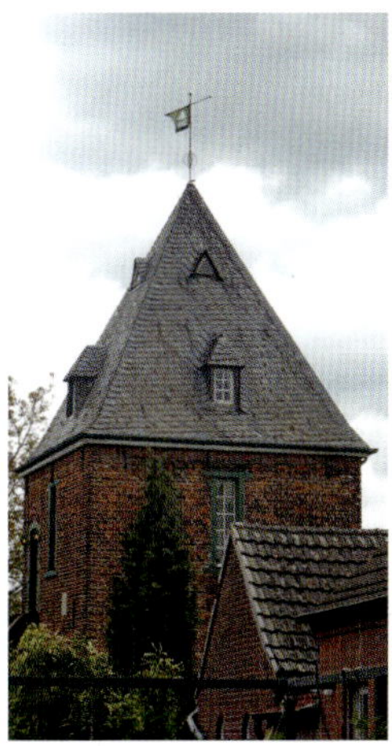

Erwähnung fand die Crudenburg erstmals 1363 als Rittersitz der Ritters Rutger von Boetzelaer: Dieser erwarb das Offenhaus mitsamt der Fischerei in der Lippe und einer Wassermühle. Um diesen Rittersitz hat sich der Ort Krudenburg über die Jahrhunderte entwickelt. Trotzdem die Besitzer wechselten, blieb das Rittergut bis 1827 bestehen. Im Krieg wurde bis auf den Turm und einige Mauerreste alles zerstört. Heute ist die Crudenburg renoviert und ausgebaut und in Privatbesitz.

Informationen zu Veranstaltungen:
www.crudenburg.de, Telefon 02858/9176656

Am Weg

Haus Schwarzenstein

Erstmals wurde die Burg 1348 erwähnt – in einer Zeit, als Kurfürsten, Ritter und Edelherren noch das machtvolle Sagen hatten. Der alte Burgname war „Swertsteen", also Schwertstein, und die Ritter von dem Berge waren die ersten Burgherren. Die Lippe bot der Burg immer einen natürlichen Schutz vor Übergriffen, und zusätzlich war der Rittersitz von einem doppelten Wassergraben umgeben. Die Besitzer wechselten, und Anfang des 18. Jahrhunderts – unter Johann Sigismund von der Heiden, der ebenfalls Herr von Krudenburg war – wurde Burg Schwarzenstein zum Hauptgut von Krudenburg. Immer wieder wurde das Rittergut umgebaut: Stallungen, ein Brauhaus, ein Schäferhäuschen und sogar eine Orangerie gehörten zum Besitz. 1776 waren die Gutsherren so hoch verschuldet, dass das Anwesen an bürgerliche Besitzer verkauft wurde. Über Generationen blieb es im Besitz der Familie Eichelberg. Ende des 19. Jahrhunderts wurde die alte Burg fast zur Gänze abgetragen und – auf den mittelalterlichen Mauern – ein neues Herrschaftshaus errichtet. Lediglich der Turm aus dem Jahr 1571 blieb erhalten.

Das bäuerliche Langhaus mit Wohnung, Stallung und Scheune zeigt die traditionelle Bauweise eines Hofes aus dem 18. Jahrhundert. Es gehört zu einem der wenigen erhaltenen Langhäuser am unteren Niederrhein. Heute ist in den alten Mauern der Rheinisch-Westfälische Schleppjagdverein untergebracht.

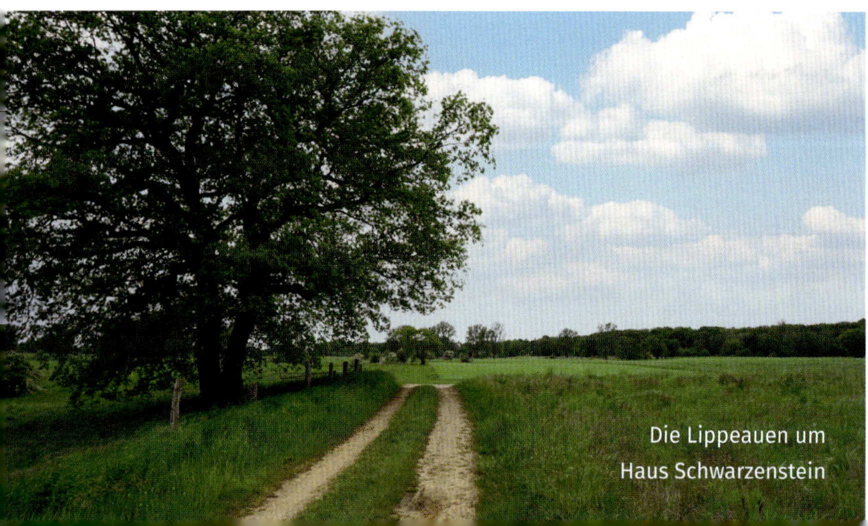

Die Lippeauen um Haus Schwarzenstein

Dem Tor gegenüber zweigt unsere Route nach rechts ab. An der Gabelung nehmen wir den linken Weg am Feld entlang, und an dessen Ende biegen wir nicht sofort ab, sondern erst etwa 20 Meter weiter, schräg rechts.

Der Weg führt über eine sternförmige Kreuzung hinweg, an der auf kleinen Stelen metallene Figuren stehen. Dahinter wenden wir uns am Querweg nach rechts und gehen über die direkt folgende Kreuzung geradeaus.

An der nächsten großen Kreuzung zweigen wir für 20 Meter nach rechts ab, bevor wir nach links weiterwandern. Der breite Weg führt links an einer großen, offenen Feuchtwiese vorbei. Vor einer kleinen Erhebung nehmen wir den Querweg nach links und halten uns wenig später an der Gabelung rechts. Hinter einem Entwässerungsgraben folgen wir dem Weg nach rechts, und so schließt sich die Runde durch die Drevenacker Dünen, und wir nehmen nun die Straße nach links.

Auf der anderen Seite der Autobahn biegen wir am Radwege-Knotenpunkt 24 nach links auf den Waldweg ab. Wir nehmen den zweiten Weg nach rechts, der uns geradeaus bis an eine Straße leitet. Dem Hunsdorfer Weg folgen wir etwa 500 Meter, bis wir gegenüber einer Holzfirma nach rechts abbiegen.

Im Neubaugebiet einmal links und einmal rechts abgebogen, gelangen wir durch eine Schranke an einen kleinen Spielplatz. Nach links führt der Wanderweg in den Wald, in dem wir uns an der Gabelung noch einmal links halten.

Am evangelischen Friedhof beginnt eine gepflasterte Straße, die auf die Kirche zuführt. Um diese gehen wir herum und erreichen hinter dem Parkplatz die Kirchstraße, die uns nach rechts zum Ausgangspunkt zurückführt.

Gastronomie:

Dudel-Bude, Imbiss in Krudenburg. Öffnungszeiten erfragen unter Telefon 02858/9178197, www.dudel-bude.de

Alt Peddenberg, Hünxer Straße 16, 46569 Hünxe-Drevenack, Telefon 02858/325, www.alt-peddenberg.de

Wo die Legehenne Berta ein sicheres Zuhause fand

In Krudenburg befindet sich ein ganz außergewöhnliches Altenheim, nämlich eines für Tiere: Hühner aus Legebatterien, Pferde und Esel können dort in aller Ruhe ihren Lebensabend verbringen. Beziehungsweise: Sie können zum ersten Mal in ihrem Tierleben Vertrauen zu Menschen fassen, die es gut mit ihnen meinen …

Ein ganzes Jahr war sie nun schon hier im Stall. Berta überlegte, ob sie glücklich war. Ja, das war sie. Sie durfte jeden Tag ein Ei legen, sie war nicht allein und hatte jeden Tag zu fressen. Besonders schön waren sie und ihre Gefährtinnen zwar nicht, viele hatten keine Federn mehr, aber da sie alle gleich aussahen, war das kein großes Problem.

Doch dann kam ein Tag im Leben der Legehenne Berta, an dem alles anders werden sollte. Es herrschte großer Tumult im riesigen Hühnerstall. Einige von ihnen sollten weggebracht werden. Wohin, wussten sie noch nicht, aber der große Tag begann mit viel Übermut. Sie freuten sich darauf, in ein neues Leben aufzubrechen. Berta und ihre Freundinnen waren aufgeregt.

Doch noch bevor es dazu kam, mit den anderen Hühnern abzureisen, wurden sie von den anderen getrennt. Sie kamen in eine Kiste und wurden aus dem Stall getragen. Es rumpelte und ruckelte, und die Hühner flogen in ihrer Holzkiste durcheinander. Wo sie wohl hinkommen würden? „Bist du auch so aufgeregt wie ich?“, fragte Berta eine ihrer Freundinnen. Doris, die mit dem schönen roten Kamm, antwortete ihr freudig: „Welch ein Abenteuer, ich bin so glücklich!“

Die Zeit verging wie im Flug und dann ein letzter Ruck, die große Luke ging auf, und die Hühner konnten ihre Transportbox verlassen. Langsam setzte Berta eine Kralle vor die andere. „Was ist denn das hier, es ist so hell! Ich kann nichts sehen, so sehr blendet es mich“, dachte sie voller Panik. „Und diese Luft – wonach riecht es hier? Wo bin ich nur?“

Der letzte Schritt von der Holztreppe führte Berta schließlich auf eine grüne Wiese. Sie schaute sich um, über ihr war alles blau und unter ihren Krallen alles grün. Berta sah zum ersten Mal den Himmel und spürte zum ersten Mal in ihrem Leben die wärmenden Sonnenstrahlen auf ihren Federn. Erde und Gras fühlten sich kühl und wunderbar unter ihren Krallen an.

Ein Mensch kam auf sie zu und begrüßte sie: „Hallo du Schöne, willkommen in der Krudenburg! Hier kannst du dich erholen. Wir freuen uns, dass ihr jetzt alle da seid. Bald werdet ihr wieder ein schönes Federkleid haben und richtig glücklich sein! Und ihr müsst nur Eier legen, wenn ihr wirklich Lust dazu habt."

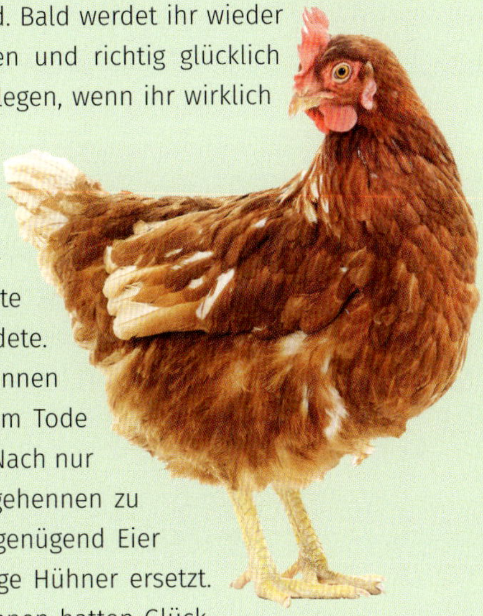

Das Mädchen lachte und ging weiter, während Berta gemeinsam mit ihren Freundinnen über die Wiese rannte und ihr neues Zuhause erkundete.

Was Berta und ihre Gefährtinnen nicht wissen, ist, dass sie dem Tode nur knapp entkommen sind. Nach nur einem Jahr waren sie als Legehennen zu alt. Sie konnten nicht mehr genügend Eier legen und wurden durch junge Hühner ersetzt. Doch Berta und ihre Freundinnen hatten Glück, wahre Tierfreunde haben sie gerettet und ihnen auf ihrem Hof inmitten der Lippeauen ein zweites und sicheres Zuhause geschenkt. Schon nach einigen Wochen werden sie und ihre Freundinnen wieder ein schönes Federkleid haben, Eier nur mehr zum Spaße legen und glücklich durchs Gras laufen.

Das alte Venn im Drevenacker Wald

Wenn es im Dorf zwölf Uhr Mitternacht schlägt, dann sollst du nicht mehr am Totenkeller verweilen – das raten die Alten in Drevenack. Egal zu welcher Jahreszeit, ob die roten Beeren der Ebereschen reif an den Bäumen hängen oder die jungen Wildgänse auf der Birkeninsel im dunklen, alten Venn spielen: Der Geisterspuk beginnt immer in der Mitte der Nacht. Aber warum bekommt ein Pferdejunge eine Ohrfeige? Warum hört man in Haus Schwarzenstein die Tische und Bänke poltern und einen seelenlosen Grafen durch die Ruine irren? Und warum fährt eine Frau mit Kuhkopf mit einem Wägelchen durchs Moor?

Ich war einmal mutig genug, um mich dort auf einem Posten zu verschanzen. Direkt gegenüber dem „Totenkeller", der Erbbegräbnisstätte in der Nähe des Schlosses Schwarzenstein, harrte ich aus, bis die Turmuhr zwölfmal schlug. Und welches Schauspiel sich dort zutrug, das möchte ich euch erzahlen: Nach dem zwölften Schlag kehrte eine Stille ein, die nicht von dieser Welt schien. Doch plötzlich knallte ein Peitschenhieb durch die Luft, und an mir vorbei sauste ein Wagen, gezogen von zwei stolzen weißen Pferden. Im offenen Wagen eine Frau mit dem Kopf einer Kuh mit langen Hörnern und neben ihr ein junges Mädchen mit wallendem, rotem Gewand. So schnell konnte ich gar nicht schauen, da waren sie schon an mir vorbei, und hinterher kam ein Mann mit ergrautem Haar auf einem Hengst so schnell wie der Wind. Es war der Graf von Haus Schwarzenstein. „Lass meine Tochter frei!", schrie der Graf aus vollem Halse.

Neben mir erschallte eine Ohrfeige, und ich sah den Pferdejungen, der von seinem Stallmeister geschlagen wurde. Dann hörte ich eine Stimme: „Jede Nacht passiert dasselbe! Kannst du nicht einmal den Sattel richtig festziehen, so dass der Graf nicht vom Pferd fällt?" Als ich wieder hinsah, lag der Graf reglos im Gras: Er war mitsamt dem Sattel vom Pferderücken gerutscht auf der Jagd nach der Göttin, die seine Tochter geraubt hatte.

Die Szene löste sich auf, und alles war wieder still. Wie gebannt starrte ich auf die Stelle, wo gerade noch der Stallbursche seine Ohrfeige kassiert hatte. Es war dunkel, das Venn lag ruhig – der Graf reglos im Gras. Neben mir raschelte es in einem Strauch. Ich hob meinen Blick und sah eine Elfe. Sie schwebte über mir und deutete mir, ihr zu folgen. Schnell bewegten wir uns durch die lautlose Nacht. Am Moor sah ich die Kuhgöttin, wie sie die junge Frau an einen Pfahl band und unter ihr ein Feuer entzünden wollte. Wie in Trance, schien sich die junge Frau nicht zu wehren. „Ich muss etwas tun", dachte ich und schaute der kleinen Elfe in die Augen. „Ruf die Irrlichter!", bat ich sie. „Diese werden die Kuhgöttin verwirren. Sie wird nicht mehr wissen, ob sie das Feuer des Scheiterhaufens schon entzündet hat oder nicht."

Die Elfe schwirrte davon, und schon bald sah ich unter dem Pfahl, an dem die junge Frau angebunden war, dichte Flammen lodern. Zufrieden mit ihrem Werk verschwand die Kuhgöttin und ließ den scheinbar brennenden Scheiterhaufen zurück. In diesem Moment jedoch erloschen die Flammen, die Irrlichter hatten ihr Werk getan, und die junge Frau stand unversehrt an den Pfahl gebunden. Nun erwachte der Graf aus seiner Bewusstlosigkeit und rannte über die Heide auf seine Tochter zu. Der Bann war gebrochen. „Meine Tochter, du bist gerettet! Nach all den Hunderten von Jahren!" Glücklich fielen sie sich in die Arme.

Beide blickten nun in meine Richtung, und was tat ich? Ich schaute, dass ich so schnell wie möglich wegkam, wer weiß, welche Belohnung auf mich gewartet hätte. Vielleicht hätte ich noch die Grafentochter heiraten müssen oder den Grafen ...?

Es kann also durchaus sein, dass durch mein plötzliches Verschwinden der Bann immer noch nicht wirklich gebrochen ist. Aber wer von euch mutig genug ist, um Mitternacht am Schloss Schwarzenstein zu sein, kann es ja überprüfen ...

Tour 1

Startpunkt

Zwischenziele

Parkplatz

Haltestelle

Zielpunkt

Gastronomie

Sehenswürdigkeit

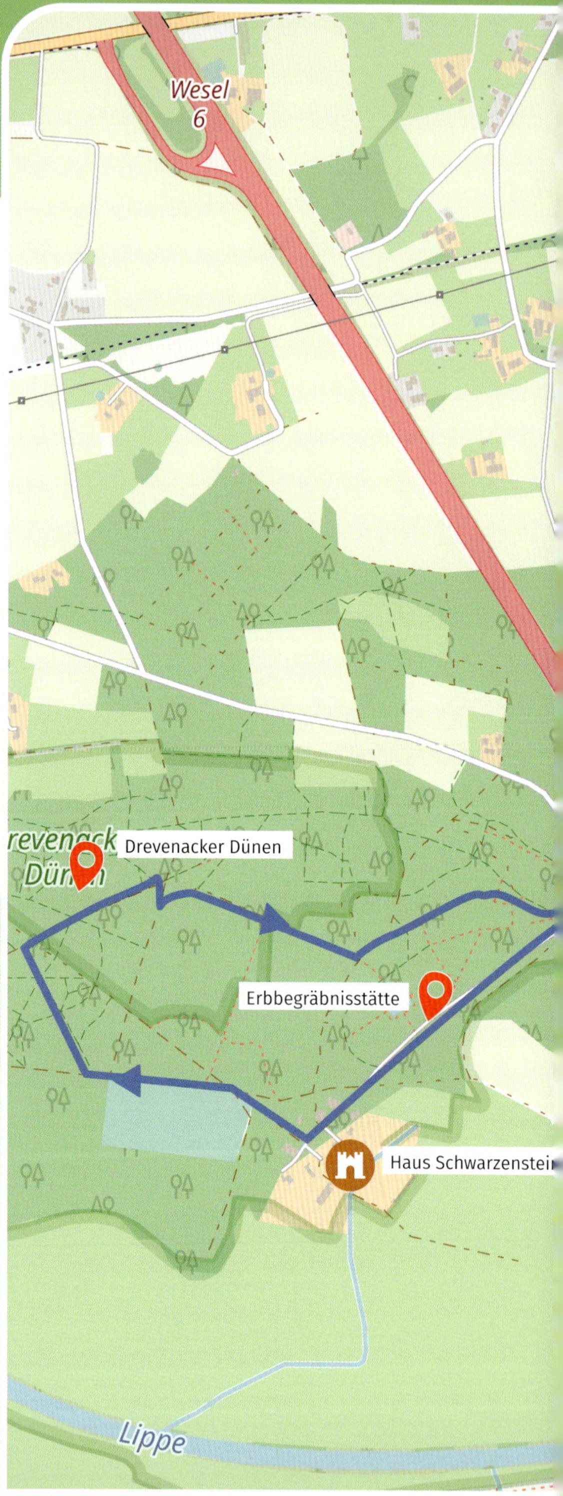

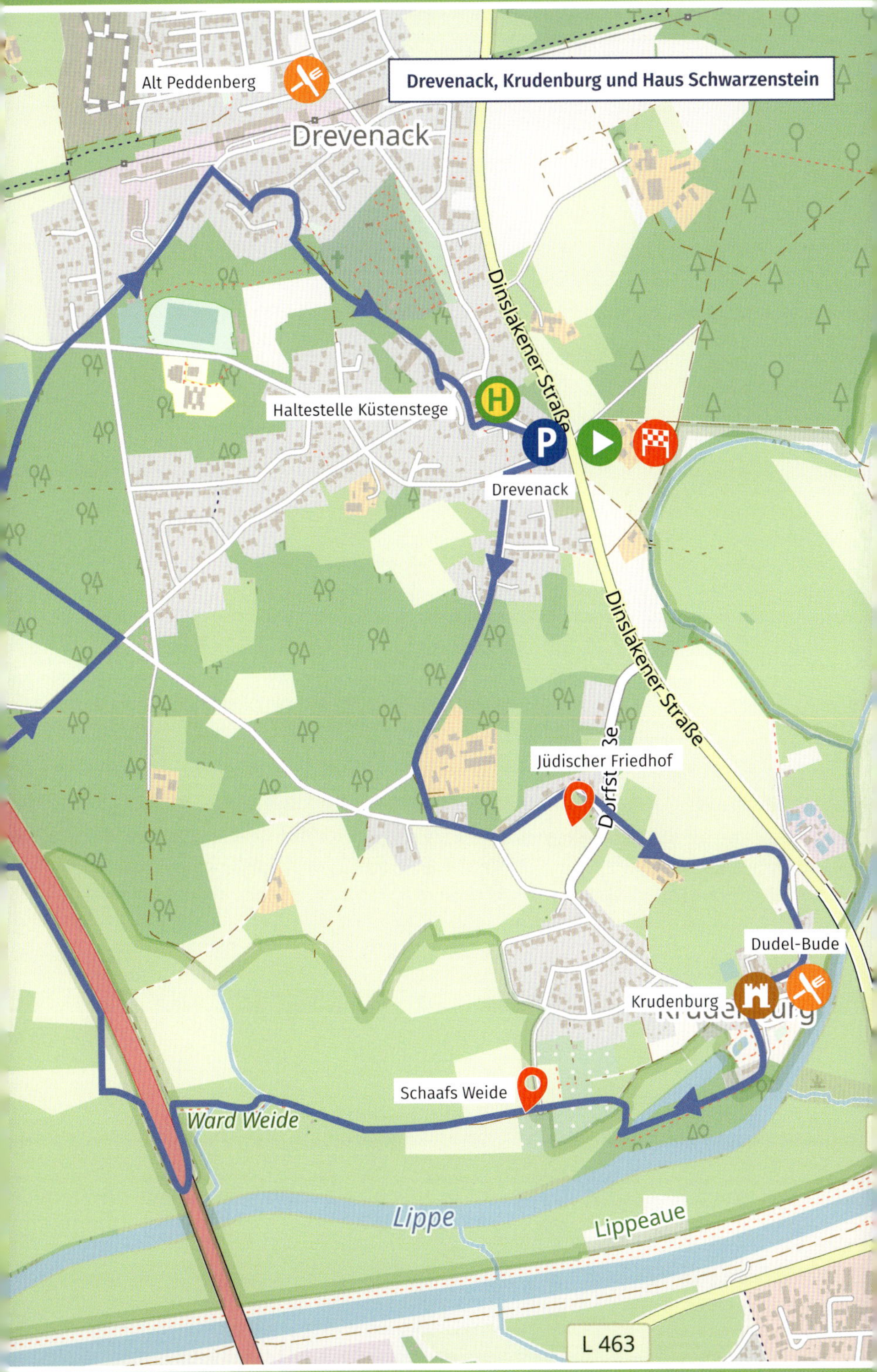

Drevenack, Krudenburg und Haus Schwarzenstein
Alt Peddenberg
Drevenack
Dinslakener Straße
Haltestelle Küstenstege
Drevenack
Dinslakener Straße
Jüdischer Friedhof
Dorfstraße
Dudel-Bude
Krudenburg
Schaafs Weide
Ward Weide
Lippe
Lippeaue
L 463

Im Reich der Fürstäbtissinnen

Auf grünen Wegen rund um Borbeck

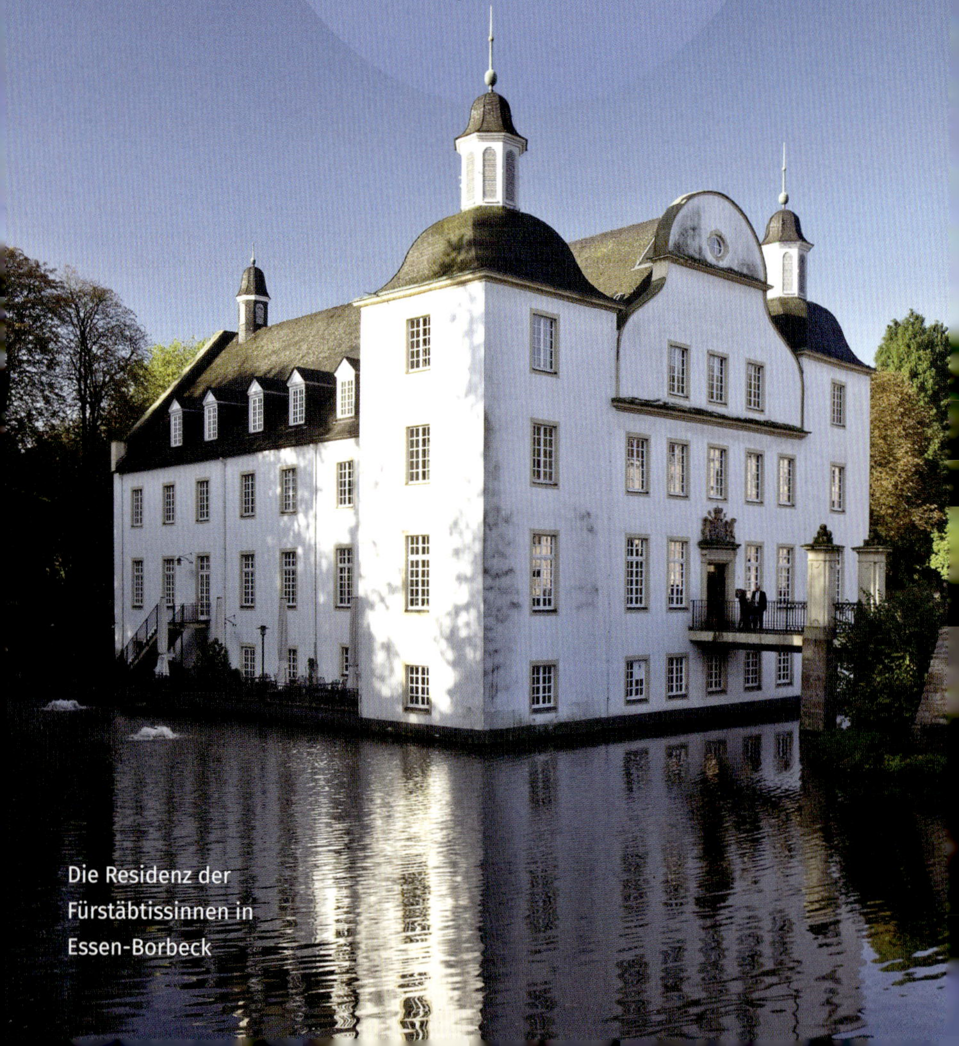

Die Residenz der Fürstäbtissinnen in Essen-Borbeck

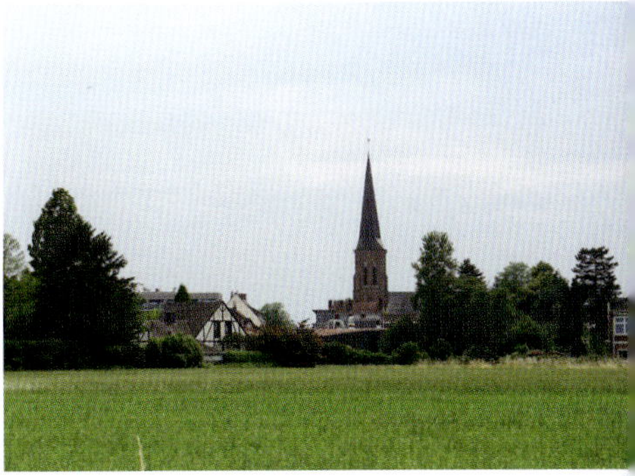
Start und Ziel in Frintrop

Die Äbtissinnen im Stift zu Essen waren keine Nonnen, sondern adelige Damen, die über Jahrhunderte die Geschicke der Stadt Essen und der umliegenden Region lenkten. Alle wichtigen Adelsgeschlechter hatten ihre Finger im Spiel oder, besser gesagt, ihre fürstlichen Töchter als Äbtissinnen und Reichsfürstinnen eingesetzt. Ausgestattet mit den fürstlichen Rechten und Pflichten, musste ein passender Bau geschaffen werden: Schloss Borbeck wurde im Laufe der Zeit zum Prunkbau der fürstlichen Damen von Essen ausgebaut. Unsere Wanderung führt mitten durch die Stadt und trotzdem fast nur durch Grün.

Tour 2

2:30 Std. | 9,5 km | 56 Meter

Start/Ziel: Schloßstraße 359, 45359 Essen-Frintrop
Wegbeschaffenheit: überwiegend gute Spazierwege in Parks und Grüngürteln
Anreise mit ÖPNV: Haltestellen Frintroper Höhe oder Himmelpforten

Wegbeschreibung: Diese Wanderung beginnt an der Friedenseiche an der Frintroper Straße. Gegenüber gehen wir in die Oberhauser Straße und nehmen die erste Abzweigung nach links in „Auf dem Eichholz". Nach rechts biegen wir in den Velthover Winkel ab und gehen an der Biegung über den Fußweg geradeaus. Diese Richtung behalten wir auch dort noch bei, wo wir in einer Senke auf ein Feld treffen. Dahinter führt ein Fußweg weiter, der bald auf einen breiteren trifft, in den wir nach links abbiegen.

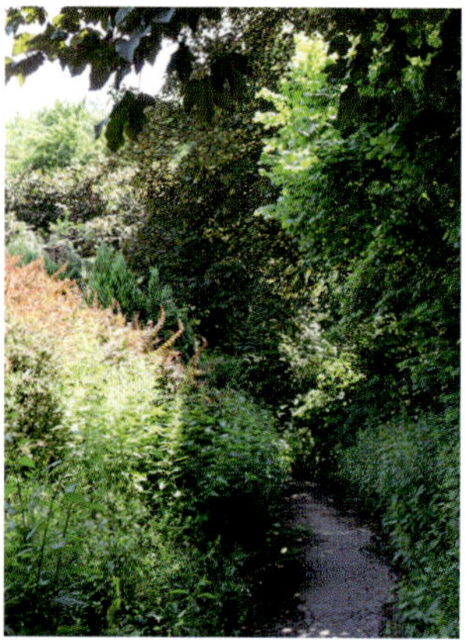

Schmal ist der Weg ins Hexbachtal.

Durch das Hexbachtal wandern wir bis zu einem asphaltierten Platz und gehen geradeaus weiter bis zur Lohstraße. Diese überqueren wir und gehen gegenüber dem Restaurant in den Grünstreifen und dort an der Frosch-Skulptur links. Sobald wir wieder eine Siedlung erreicht haben, halten wir

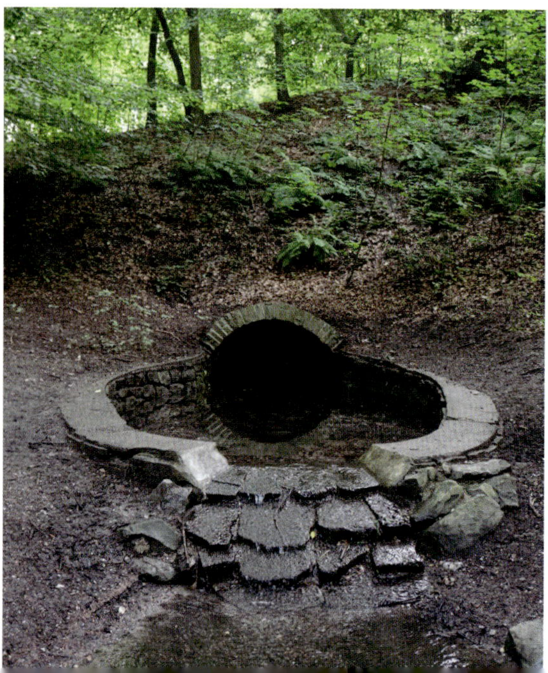

Mehrere Quellen speisen die Borbecke.

Am Weg

Schloss Borbeck

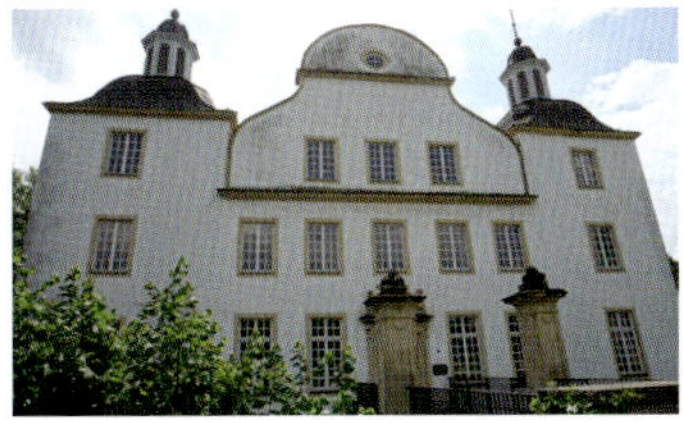

Historische Dauerausstellung und Städtische Galerie für zeitgenössische Kunst im Schloss Borbeck
Öffnungszeiten: dienstags bis sonntags 14 bis 18 Uhr, montags geschlossen. Führungen nach Absprache, auch außerhalb der Öffnungszeiten, Telefon 0201/8844219, www.schloss-borbeck.essen.de

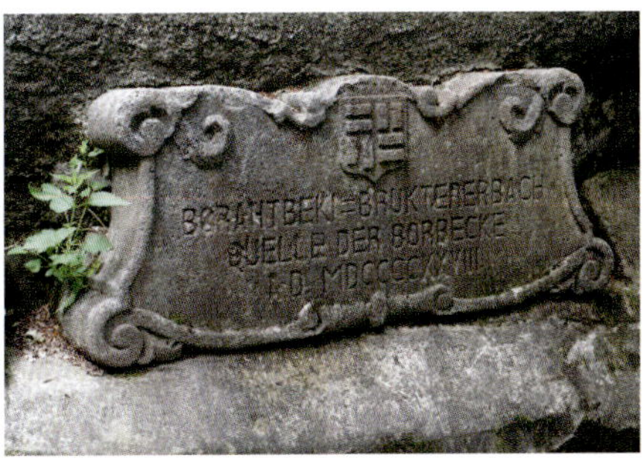

An der Borbeckquelle

uns rechts und an der nächsten Straße noch einmal.
Wieder überqueren wir die Frintroper Straße und gehen schräg rechts gegenüber in den Park. Wir nehmen den dritten Weg nach rechts. Er führt hinunter und an der Borbecke-Quelle vorbei. Dem Bach folgen wir zunächst nach links, bis wir eine kleine Brücke überqueren und rechts um den Teich herumwandern. Noch einmal links abgebogen gehen wir schließlich auf Schloss Borbeck zu.
Unsere Route zweigt noch vor dem Tor nach links ab, um ein Stück durch den Park zurückzuführen. Dafür biegen wir bei nächster Gelegenheit noch einmal nach links ab. Auffällig sind die Eiben, an denen wir nun vorbeikommen. An der Gabelung entscheiden wir uns für den rechten der drei Wege. Auf diesem bleiben wir, bis uns die erste Abzweigung nach rechts aus dem Park herausführt.

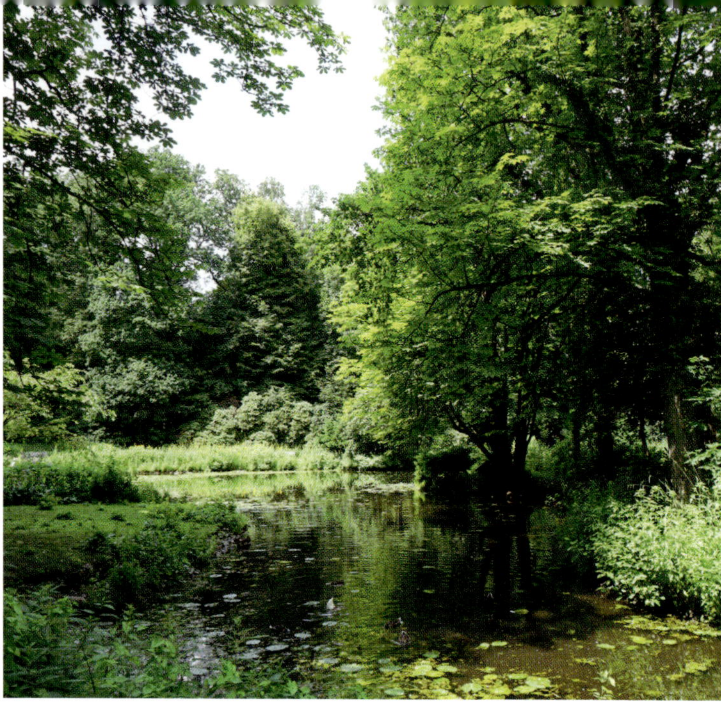

Der Park am Schloss Borbeck

In die „Schlosswiese" wandern wir für wenige Meter nach links, dann führt uns der Fußweg zur Straße „Auf'm Rolland". An deren Ende gelangen wir in ein Waldstück, überqueren dahinter eine Straße und nehmen gegenüber den rechten der beiden Wanderwege. An der Gabelung bleiben wir auf dem Weg, der links mit einem Holzgeländer geschützt ist.

Nach einem Spielplatz führt uns der Gerschermannweg bald zu einem Fußweg, der nach rechts weiterführt. Die nächste Straße überqueren wir und gehen schräg links gegenüber auf dem Pfad weiter, der uns bis zur nächsten Querstraße an einer Unterführung leitet. Hier wenden wir uns nach links.

Der Fußweg links der Straße führt wieder in einen Grüngürtel. Am Querweg wenden wir uns nach links und am Düppenberg noch einmal, um dann hinter der Nordlandaue nach rechts zu gehen. Am Ende des Grünstreifens führt uns der Mayskamp zu einem Fußweg und weiter geht es zur Hagedornstraße. In diese biegen wir nach rechts ab und erreichen auf der anderen Seite der nächsten Straße wieder ein Waldstück.

An der T-Kreuzung wenden wir uns nach links, nehmen die Steigung hinauf zum Donnerberg, überqueren die gleichnamige Straße und zweigen bei erster Gelegenheit nach links ab. Nun müssen wir nur noch einmal rechts in die Schloßstraße abbiegen, um unsere Runde zu beschließen.

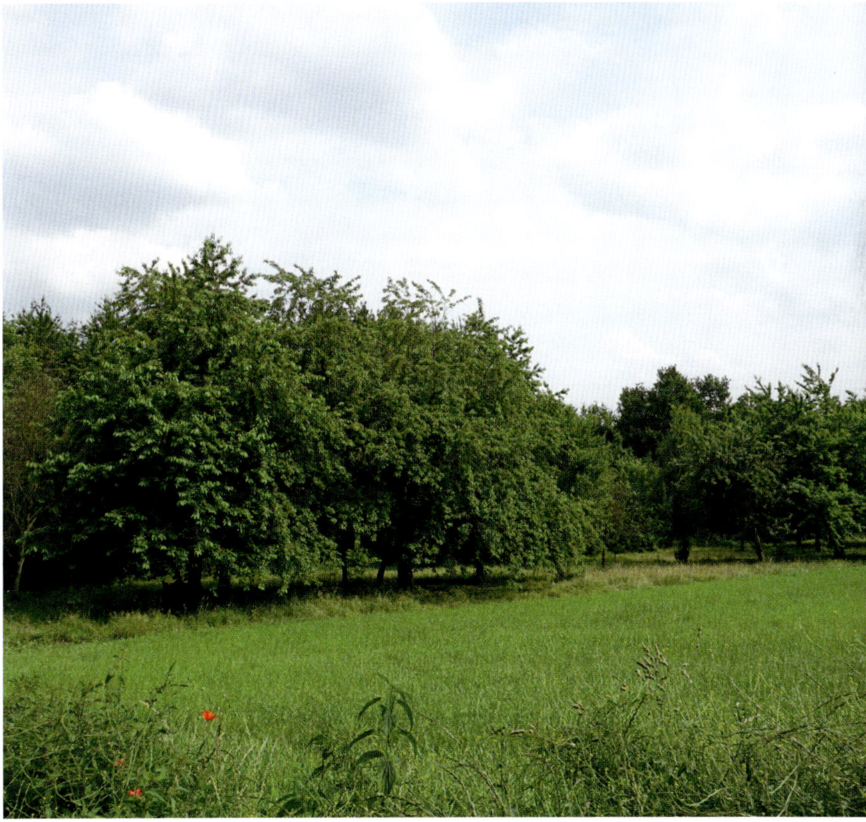

Obstbäume auf dem Donnerberg

Gastronomie:

Im Wulve, Im Wulve 34, 45359 Essen, Telefon 0201/8066352
Stammhaus Troja, Schloßstraße 357, 45359 Essen, Telefon 0201/690147

Der magische Spiegel

Ein Tanzschuh, Tarotkarten, ein Schachspiel, Frankenthaler Porzellan, Münzen und ein ganz besonderer Spiegel ... Das klingt nicht nach den Besitztümern von Klosterfrauen, oder? Die im Stift zu Essen waren tatsächlich keine echten Nonnen, sondern adelige Damen, die über Jahrhunderte die Geschicke der Stadt Essen und der umliegenden Region lenkten. Im Schloss Borbeck wurden sicher rauschende Feste gefeiert, vielleicht ging dabei einer der Tanzschuhe verloren? Auf dem edlen Porzellan ließen sich die Damen die feinsten Speisen kredenzen und befragten danach die Tarotkarten, bevor sie beim Schachspiel die eine oder andere Münze gewannen oder verloren. Dies alles kann man in dem kleinen Museum bewundern, doch niemand außer uns weiß von dem magischen Spiegel, der sich noch im Schloss verbirgt.

Theophanu aus dem fernen Byzanz, das heute Istanbul heißt, wurde im Jahre 972 in Rom mit dem Ottonen König Otto II. verheiratet und war fortan Mit-Kaiserin des Heiligen Römischen Reiches. Sie war noch ein Mädchen, und als liebevolle Erinnerung an ihre Heimat brachte sie einen besonderen Spiegel mit in den kalten Norden, wo sie fortan leben sollte. Sein Rahmen war besetzt mit funkelnden Halbedelsteinen, und gefertigt war er aus reinstem Gold.
Als ihre Tochter Sophia im Jahre 1011 Fürstäbtissin in Essen wurde, war Theophanu bereits tot, und im Gedenken an ihre Mutter brachte sie den Spiegel mit ins Kloster.
Die Zeit verging, und im Jahre 1228 unter Adelheid von Wildenberg wurden die Äbtissinnen zu Reichsfürstinnen des Heiligen Römischen Reiches bestellt. Berta von Arnsberg kaufte 1288 den gepfändeten Oberhof Borbeck von Rittersleuten und baute ein fürstliches Wohnhaus daraus. Was für eine Freude hatte diese Berta, als sie den wunderschönen Spiegel der Theophanu sah, passte er doch hervorragend in die Gemächer der Fürstin von Essen. Schon manch einer hatte zwar gesagt, dass es ihm vor dem Spiegel graue – manchmal sei es, als könnte man ein ho-

hes Lachen hören, wenn man schnell an ihm vorbeigehe. Aber das störte Berta nicht, schließlich war sie eine furchtlose Regentin. Sie blickte mutig hinein und sah immer nur ihr eigenes Spiegelbild und hörte kein Lachen. So gingen die Jahre ins Land, und der Spiegel ward vergessen.
Im 15. Jahrhundert ließ Sophie von Gleichen als erste Äbtissin ihre eigenen Münzen prägen, was für die damalige Zeit eine große Sache war. Und wo war der wundersame Spiegel? Er hing in der Bibliothek des Fürstenhauses. Und alle heiligen Zeiten hätte man eine Stimme und ein fernes Frauenlachen herausdringen hören können, aber niemand achtete darauf. So vergingen die Jahre, und die Fürstinnen wurden immer wohlhabender und einflussreicher.
Als die Fürstäbtissin Anna Salome von Salm-Reiffenscheidt, die nicht nur einen langen Namen, sondern auch viel Geld besaß, das Schloss Borbeck im Stil der Renaissance neu erbauen ließ, musste auch der Spiegel der Theophanu mit ins neu gestaltete Schloss. Doch Anna Salome hatte als Regentin eine lange Liste von Aufgaben zu erledigen, und so vergaß auch sie den wundersamen Spiegel.
Eine ihrer Nachfolgerinnen war eine noch junge Frau, modern und modebewusst. Erst 30 Jahre alt war Franziska Christine von Pfalz-Sulzenbach, als sie 1726 Äbtissin wurde, und der prunkvolle Spiegel ließ ihr feingeistiges Herz höherschlagen. Doch Franziska Christine war nicht nur modebewusst, sie war auch eine soziale Frau: Sie gründete in Steele ein Waisenhaus, in dem auch Mädchen unterrichtet wurden, was damals alles andere als selbstverständlich war.
1735 brachte der spätere Rentmeister Franz Adam Schiffer aus Südamerika zwei dunkelhäutige Knaben ins Stift. Eines der Kinder wurde der Fürstin anvertraut, und als sie ihn sah, schloss sie ihn sofort ins Herz. Er wurde getauft und trug von da an den Namen Ignatius Christianus Fridericus.
Ignatius entwickelte sich prächtig, er war ein kreatives und lustiges Kind – eine Frohnatur. Er sang und musizierte gerne und unterhielt die Fürstin damit. Und immer, wenn er allein an dem wundersamen Spiegel vorbeikam, dann ertönte ein glockenhelles Lachen. Eines Tages blieb der Junge stehen und schaute verwundert hinein.

„Endlich bist du da!", sagte eine Stimme, und das Bildnis einer jungen Frau erschien. Sie blickte aus dem Spiegel ins verdutzte Gesicht des jungen Mannes.

„Wer bist du?", fragte er erstaunt.

„Ich bin der Geist der Theophanu! Und du erinnerst mich an meine Heimat und meine Jugend im Palast. Ich werde dir helfen, ein wunderbares und reiches Leben zu führen!"

„Das kann nicht sein", flüsterte der Junge. „Ich bin ein Schwarzer und kann bestenfalls Kammerdiener werden, da verdient man nicht viel Geld." Doch da lachte das jugendliche Abbild der stolzen Kaiserin Theophanu, und das Trugbild verschwand. Da Ignatius ein gar positiver junger Mann war, glaubte er an die Worte des Spiegels. Immer, wenn er allein daran vorbeiging, ertönte eine leise Stimme, die ihm sagte, was er machen solle. So kam es, dass Ignatius den anderen immer einen Schritt voraus war. Und dies ließ ihn in den Augen seiner Fürstin immer wichtiger werden. Er war nicht nur liebenswert, sondern auch schlau und wusste immer Rat. Die Fürstäbtissin beförderte ihn und machte ihn zu ihrem „Kammermohren", wie man es damals nannte, also zu ihrem persönlichen Betreuer. Es gab zu dieser Zeit in vielen großen Herrscherhäusern dunkelhäutige Bedienstete, aber keiner hatte die Vorrechte, die Ignatius hatte. In der Residenz in Steele durfte er als einziger in einem beheizten Raum schlafen. Und als die Fürstin 1744 das Schloss Borbeck im barocken Baustil umbauen ließ und man 18 Jahre später die Räumlichkeiten beziehen konnte, bekam Ignatius das Vorzimmer zum fürstlichen Speiseraum als Schlafstätte. Und auch der magische Spiegel kam zurück nach Schloss Borbeck.

Bei wichtigen Anlässen servierte Ignatius den Gästen und unterhielt sie mit Musik, Gesang und Schauspiel. Die Fürstin beschenkte ihn mit einem Pelzmantel und einer goldenen Uhr. Immer wieder steckte sie ihm einen oder zwei Reichstaler zu, die Ignatius gut anlegte. Die Jahre vergingen, und die Fürstäbtissin wurde immer älter und gebrechlicher. Und als sie schließlich im hohen Alter von 80 Jahren den Weg ins Jenseits antrat, wurde Ignatius in ihrem Testament reich bedacht: Wohnrecht im Waisenhaus, freie Kost und Logis, dazu wurde er von schwerer

Arbeit verschont. Außerdem sollte er nach seinem Tode in der Nähe der Fürstin begraben werden.

Nachfolgerin von Franziska Christine wurde Maria Kunigunde von Sachsen, und als sie ihr Amt antrat, war es Ignatius, der ihre Schleppe tragen durfte. „Du hast meiner lieben Vorgängerin so treu gedient, was möchtest du als Andenken an die Fürstin gerne haben?“, fragte ihn Maria Kunigunde eines Tages. Schlau wie Ignatius war, wollte er natürlich den Spiegel der Theophanu. Und so nahm er ihn mit in sein Zimmer im Waisenhaus. Er fand selbst, dass er ein Glückskind war, und so gab er sich den Namen Ignatius Fortuna, Ignatius Glück.

Als er zwanzig Jahre später im Alter von 60 Jahren verstarb, fand man neben einer Kiste voll kostbarster Kleidung aus den feinsten Stoffen der damaligen Zeit eine beachtliche Summe an Geld, eine Violine, eine Trompete und natürlich den wundersamen Spiegel. Sein Erbe belief sich auf 1.000 Reichstaler. Fürstin Maria Kunigunde entschied, dass sein Hab und Gut dem Waisenhaus zufließen sollte. Nur drei besonders schöne Straußenfedern und den magischen Spiegel nahm sie aus seinem Zimmer wieder mit zurück ins Schloss Borbeck.

Der Spiegel war wieder verstummt und gab keine weisen Ratschläge mehr. Aber Maria Kunigunde brauchte diese auch nicht, sie war eine geschäftstüchtige Frau und ließ eine große Straße bauen und investierte ihr Privatgeld in die ersten Eisenhütten im Ruhrgebiet. Im Zuge der Säkularisation verlor sie 1802 ihre Regentschaft an die Preußen, und da verkaufte die schlaue Maria Kunigunde die Straße und ihre Kohlehütten und kehrte als reiche Frau an den Hof ihres Bruders zurück.

Sie war also die letzte der Fürstäbtissinnen von Essen, ihr gehörten der einzelne Tanzschuh und die Tarotkarten, die man heute noch im Schlossmuseum bewundern kann. An Ignatius Fortuna erinnert heute noch eine Tafel in der Stiftskapelle des Waisenhauses in Essen-Steele.

Und der Spiegel, werdet ihr euch jetzt fragen, wo ist der abgeblieben? Ja, das würdet ihr gerne wissen! Wer im Schloss ein fernes Lachen hört, der kann sich ja auf die Suche machen nach dem magischen Spiegel aus dem fernen Byzanz, der die bescheidenen und liebenswerten Menschen mit weisen Ratschlägen zu Reichtum führt.

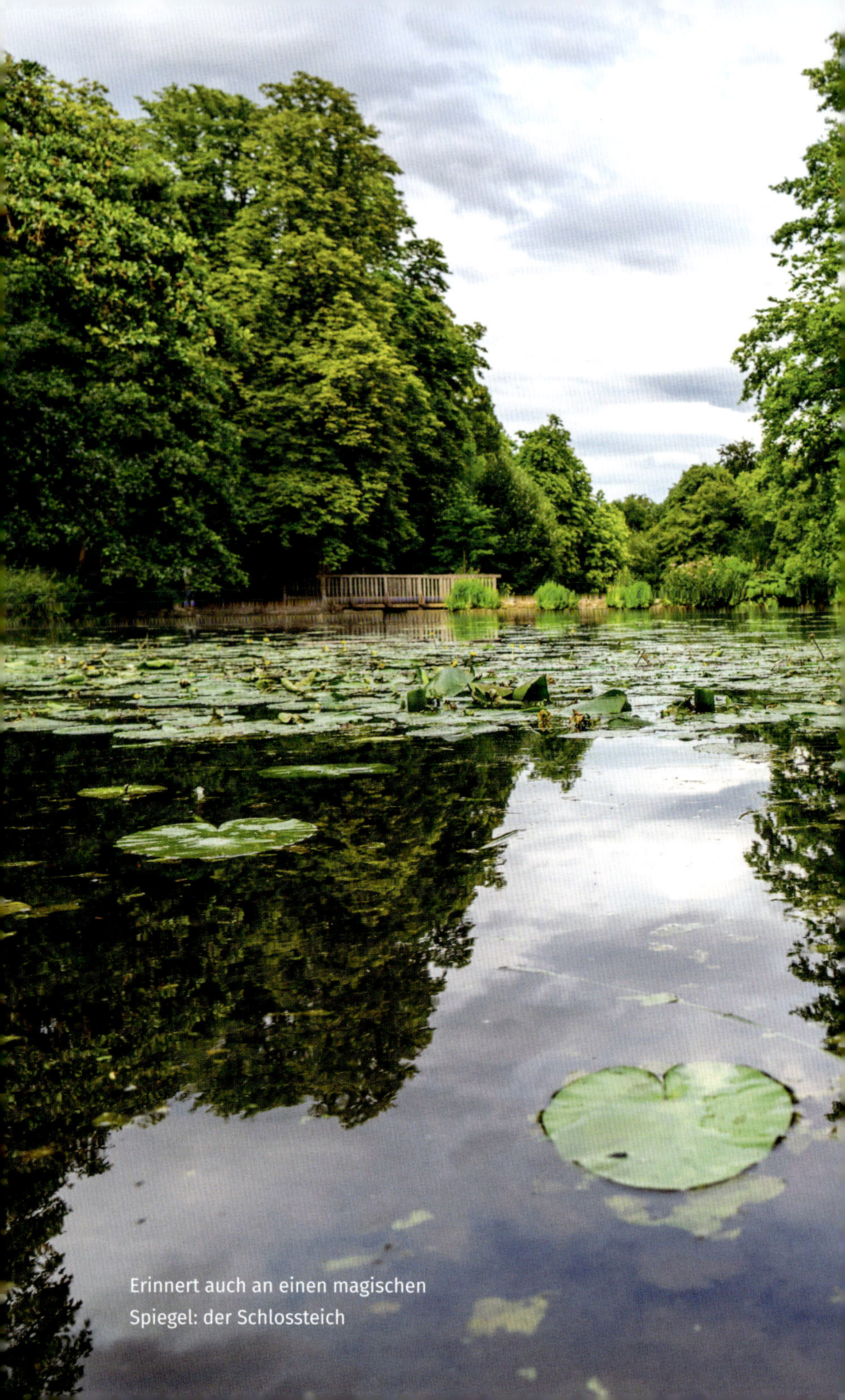

Erinnert auch an einen magischen Spiegel: der Schlossteich

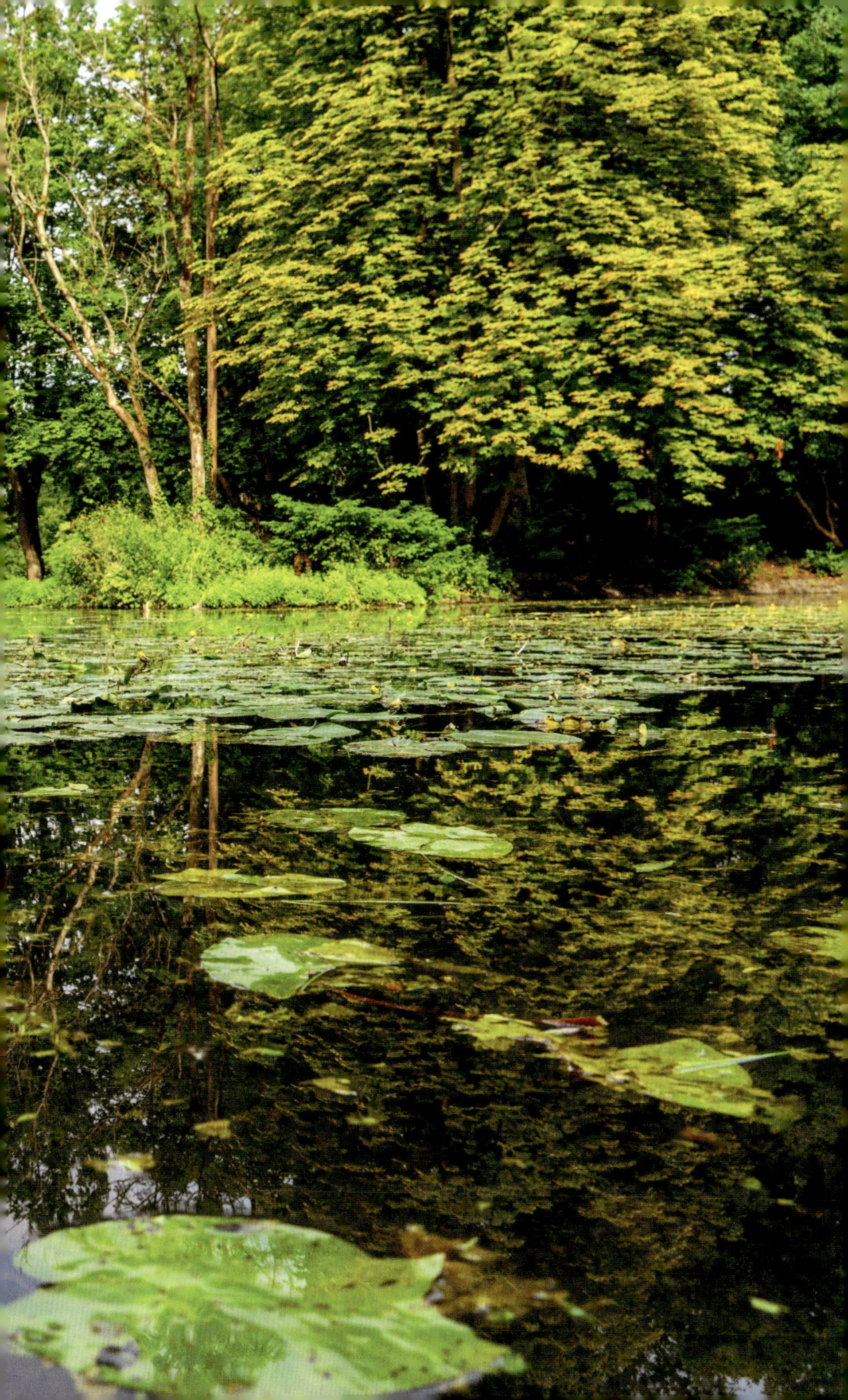

Tour 2

Startpunkt

Zwischenziele

Zielpunkt

Haltestelle

Gastronomie

Sehenswürdigkeit

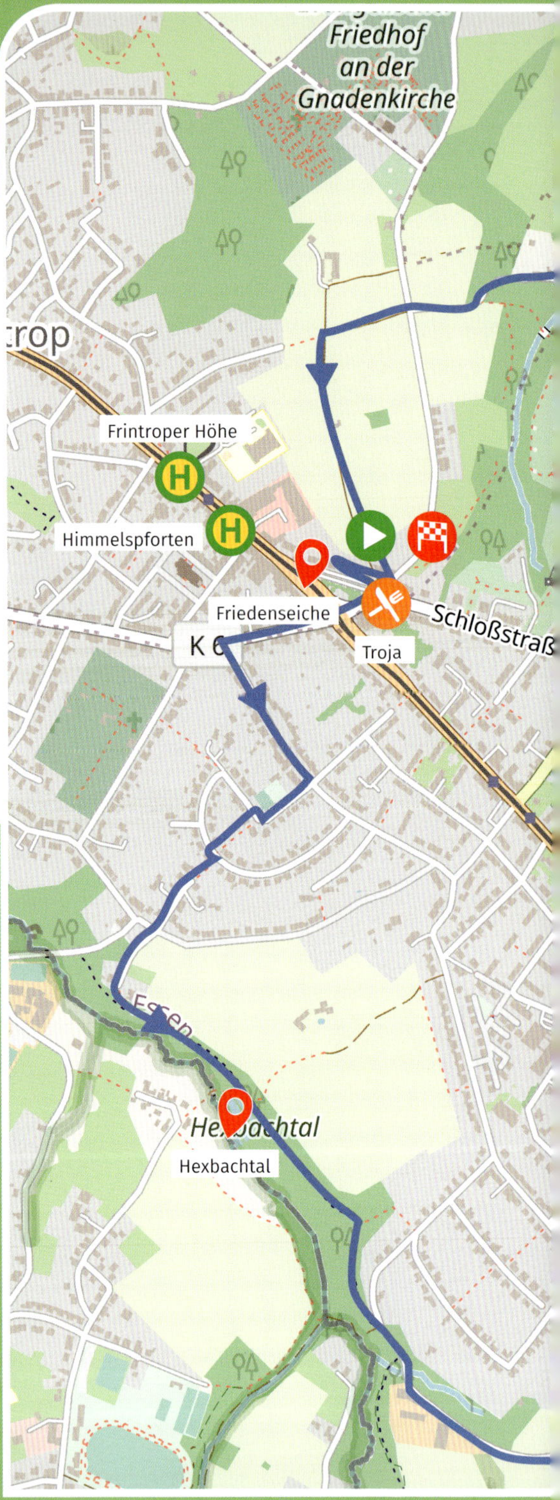

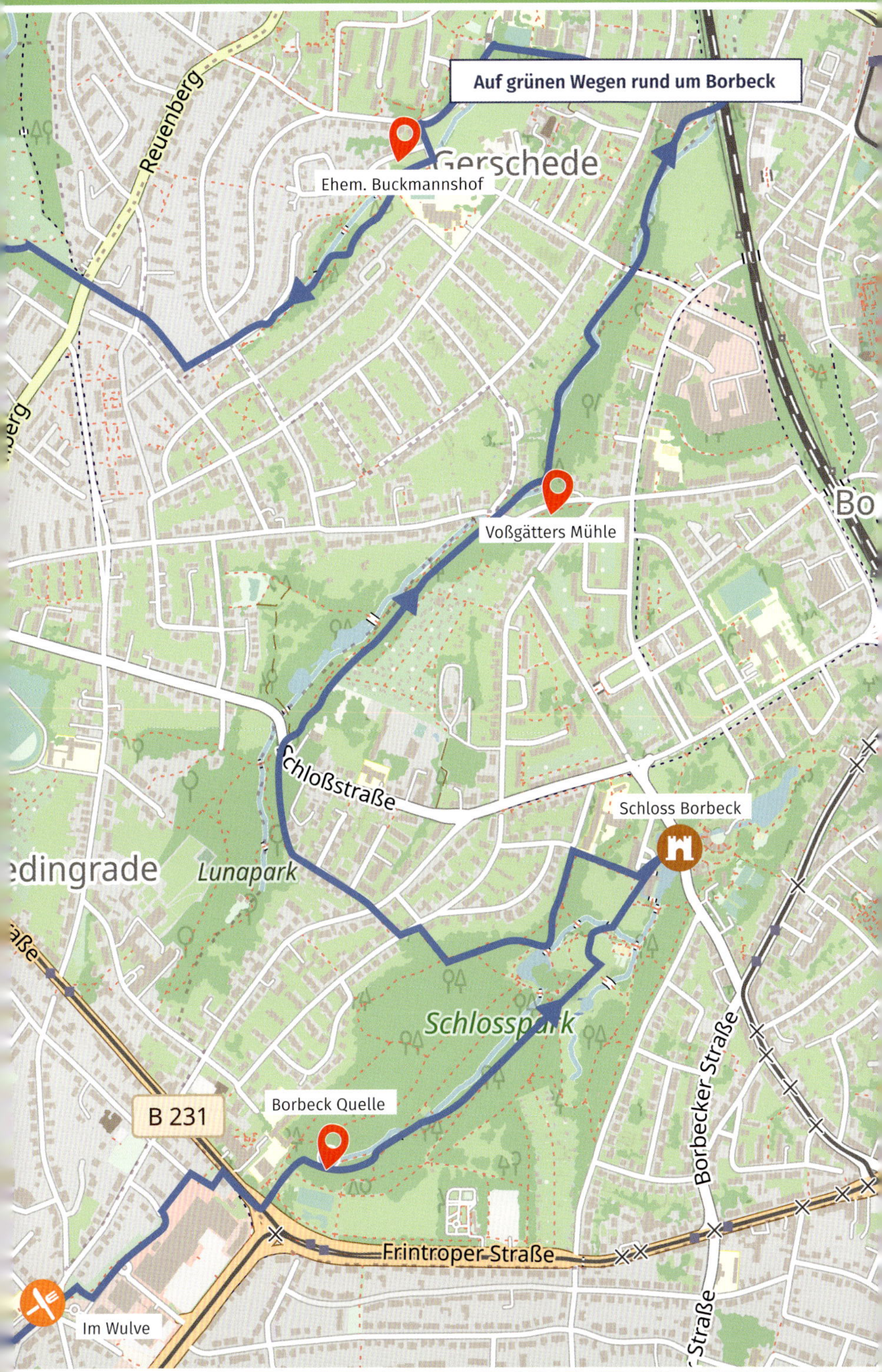
Auf grünen Wegen rund um Borbeck
Gerschede
Ehem. Buckmannshof
Reuenberg
Voßgätters Mühle
Schloßstraße
Schloss Borbeck
Lunapark
Schlosspark
Borbecker Straße
Borbeck Quelle
B 231
Frintroper Straße
Im Wulve

Von Liebe und Verrat

Märchenhafte Landschaft im Essener Süden

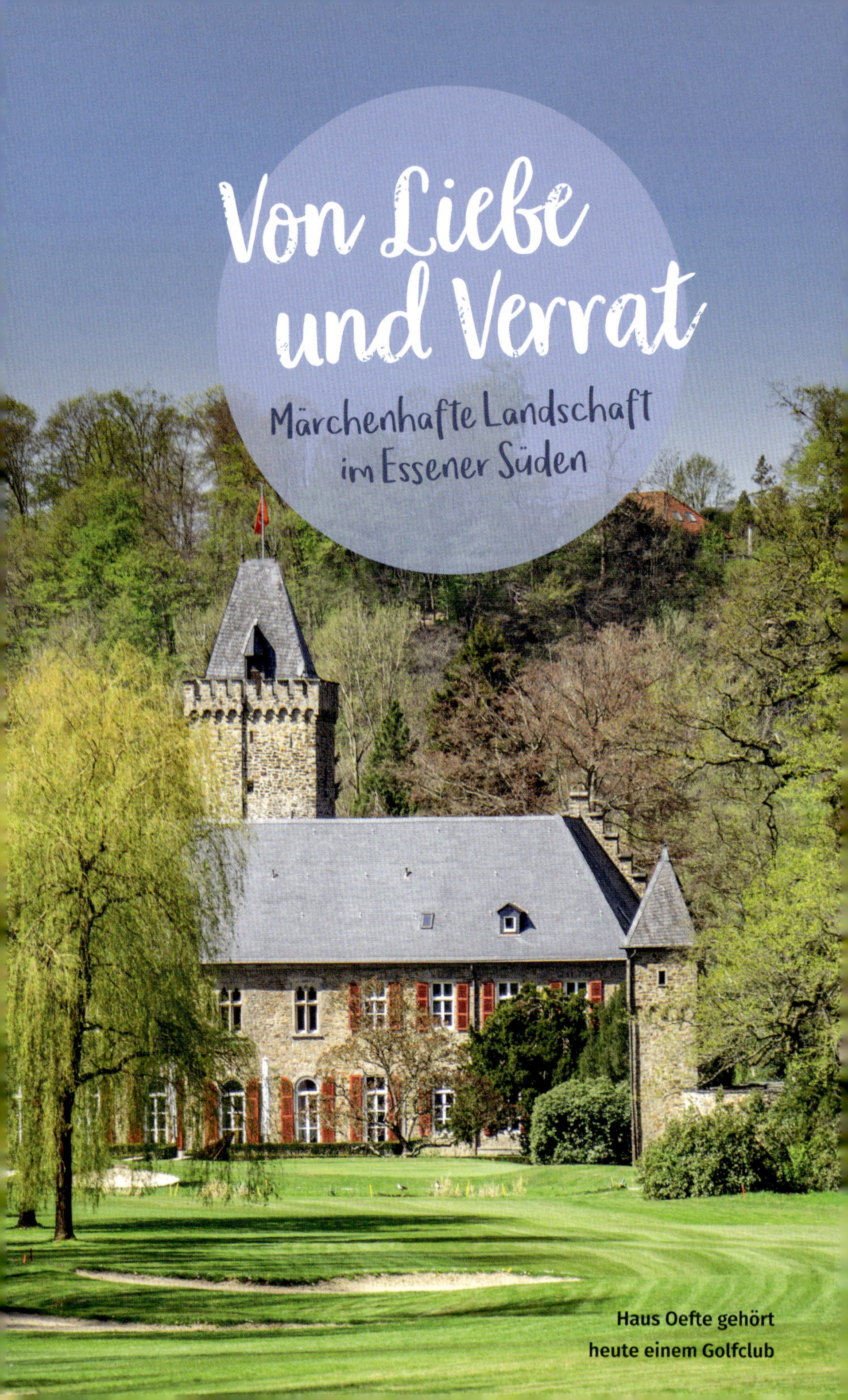

Haus Oefte gehört heute einem Golfclub

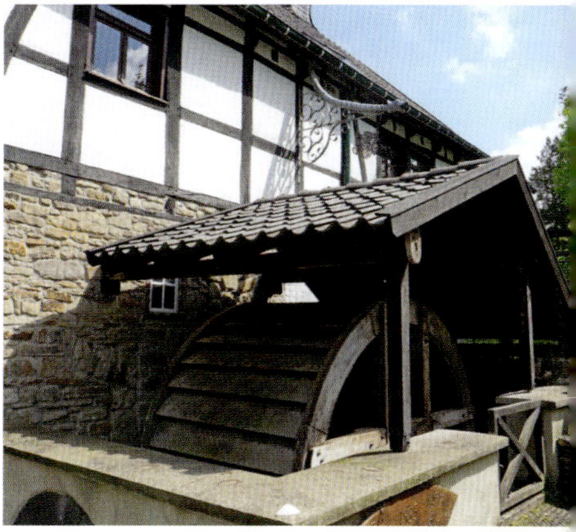

Das Rad der Rindersberger Mühle

Bei dieser Wanderung zwischen Kettwig und Schloss Oefte lässt sich die wunderschöne Landschaft ganz im Essener Süden erkunden. Steil zum Südufer der Ruhr abfallende Felsen und die Aussichten in das Niederbergische Land sind landschaftliche Höhepunkte. Und auch wenn Schloss Oefte in Besitz eines Golfclubs ist, so kann man sich dem unter Denkmalschutz stehenden Haus mit seinem großen Schlosspark doch auf ruhigen Wegen nähern und sich hineinversetzen in frühere Zeiten. Die ersten Anfänge reichen übrigens bis ins 8. Jahrhundert zurück, als im benachbarten Werden der Missionar Liudger begann, die Gegend zu christianisieren. Ganz so christlich ging es unter den adligen Bewohnern auf Oefte allerdings nicht zu …

Tour 3

2:30 Std. | 10 km | 204 Meter

Start/Ziel: S-Bahnhof Werdener Straße 77, 45219 Essen-Kettwig
Wegbeschaffenheit: überwiegend Wald- und Feldwege, Asphalt
Anreise mit ÖPNV: S-Bahnhof Kettwig-Stausee

Wegbeschreibung: Vom Bahnhof Kettwig Stausee kommend, müssen wir zunächst auf die andere Seite der Eisenbahnlinie gelangen. Dafür wenden wir uns auf der Straße nach rechts und gehen auf ihrer linken Seite – auf dem Kettwiger Panoramasteig. Dieser zweigt an der nächsten Kreuzung nach rechts Richtung Fachklinik Rhein-Ruhr ab. Noch vor dem ersten Haus folgen wir den Markierungen nach links und steigen den Hang hinauf.

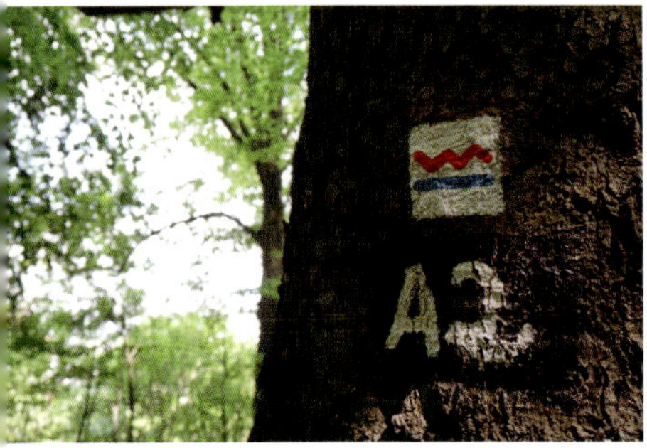

Auf dem Kettwiger Panoramasteig

Über einen kleinen Pfad, der scharf rechts abzweigt, lässt sich ein kleiner Steinbruch erreichen, der wie eine Arena wirkt. Der Hauptweg bleibt jedoch auf dem Steig geradeaus, passiert eine alte Mauer, die wie ein Aussichtsbalkon über der Schlucht steht, und führt dahinter bergab.

Rechts von uns befinden sich nun steile Klippen, die näher angeschaut werden wollen. Auf Höhe eines Campingplatzes erreicht der Weg fast Straßenniveau, bevor die Markierungen wieder bergauf und dann nach links auf einen breiten, fast eben verlaufenden Weg führen. So gelangen wir an einen Querweg, in den wir – die Markierungen des Steigs verlassend – nach links abbiegen. An einer Pferdekoppel wandern wir auf einen Hof zu und links an ihm vorbei.

Eine kleine Straße geleitet uns nun über den Golfplatz auf Haus Oefte zu. Bevor wir unsere Runde an der Querstraße nach rechts fortsetzen, wenden wir uns nach links und erhaschen einen Blick auf das zum Golfclub gehörende Schloss.

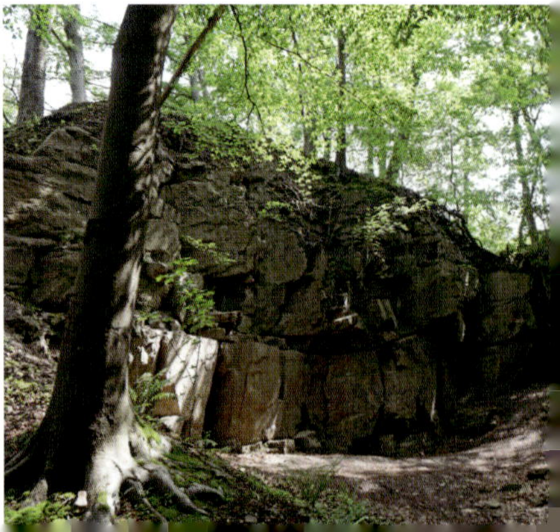

Klippen über dem Wanderweg

Am Weg

Schloss Oefte

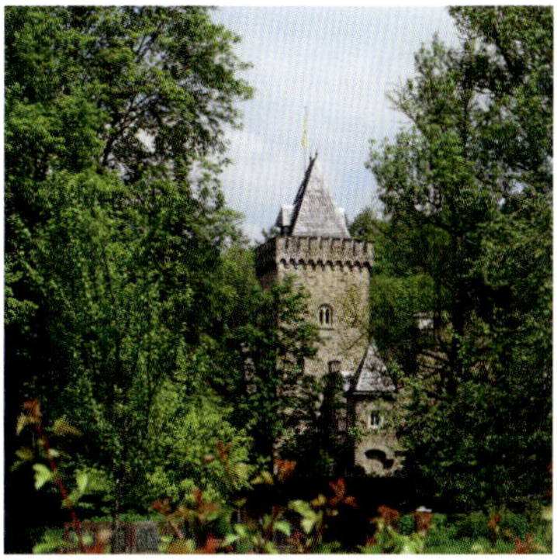

Bereits 796 wird Schloss oder Haus Oefte als Uvithi in alten Schriftquellen erwähnt. In den folgenden Jahrhunderten wurde es zum Oberhof der Abtei Werden. Die Familie von Oefte wurde mit dem Drostenamt der Abtei betraut und während des 14. Jahrhunderts betrieben die Herren von Oefte von dort aus ihr Raubrittertum. Im 15. und 16. Jahrhundert wurden abwechselnd die Herren von Eller und die von Uhlenbrock mit dem Schloss belehnt. Das heutige Aussehen verdankt das Schloss dem letzten Umbau – zu einem zweigeschossigen Bau mit einem vorspringenden Mittelturm – aus der zweiten Hälfte des 19. Jahrhunderts. Von einer Darstellung aus dem 18. Jahrhundert wissen wir, dass Schloss Oefte eine zweiteilige Anlage mit einer Kapelle war, davon ist heute allerdings oberirdisch nichts mehr zu sehen. Der Wassergraben der mittelalterlichen Burg lässt sich allerdings an den deutlichen Senken im Gelände noch erahnen. Von der romanischen Burganlage besteht nur noch das Kreuzgratgewölbe im Unterbau des rechten Gebäudeflügels. Seit 1985 stehen der Park und die Schlossanlage unter Denkmalschutz. Sie werden von einem privaten Golfclub genutzt und sind nicht öffentlich zugänglich.

Wieder zurück auf der Route nehmen wir an der nächsten Abzweigung die kleine Straße, die nach links leicht bergab führt. Im Tal überqueren wir einen breiten Bach und zweigen sofort dahinter in den Pfad nach rechts ab. Über eine zweite Brücke führt dieser schöne Weg und anschließend am Bach entlang.
Im Tal liegt idyllisch ein Bauernhof, und an der Kreuzung wenden wir uns nach rechts auf diesen zu. Es ist wieder der Panorama-

steig, der uns durch Hof Nipshagen und dahinter an der Gabelung links leitet. Hinter einem Reiterhof folgen wir der Markierung nach rechts. Die schmale Straße über den Kamm bietet über die Hügel schöne Aussichten bis nach Velbert und Heiligenhaus.
Links der kleinen Straße liegt ein Reiterhof, und direkt hinter der Stelle, an der die Straße „In der Rose" zu ihm hin abzweigt, nehmen wir den Pfad nach rechts, der mit dem Neanderlandsteig markiert ist. Wieder auf dem Feldweg wandern wir auf ein Gehöft zu. Davor zweigt die Markierung nach links ab und dann am Waldrand nach rechts. Die kleine Straße führt uns hinunter, und vor dem nächsten Waldstück biegen wir rechts ab. An der Gabelung halten wir uns links. Der Weg führt uns an einer großen Wiese entlang, und dort, wo diese endet, zweigt nach links ein Pfad ab. Dieser leitet uns bis zu einer Lichtung, wo wir eine weite Aussicht über das Ruhrtal haben. Wir bleiben vor der Lichtung links und wandern erneut in den Wald. Bald darauf wenden wir uns am Querweg nach rechts bergab, bis wir wieder auf die Markierungen des Neanderlandsteigs treffen, denen wir nach links bis zu einem Aussichtspunkt folgen. Dort gehen wir links weiter und dann immer an einem umzäunten Gelände entlang. So erreichen wir eine Wegkreuzung, an der ein Schild steht.

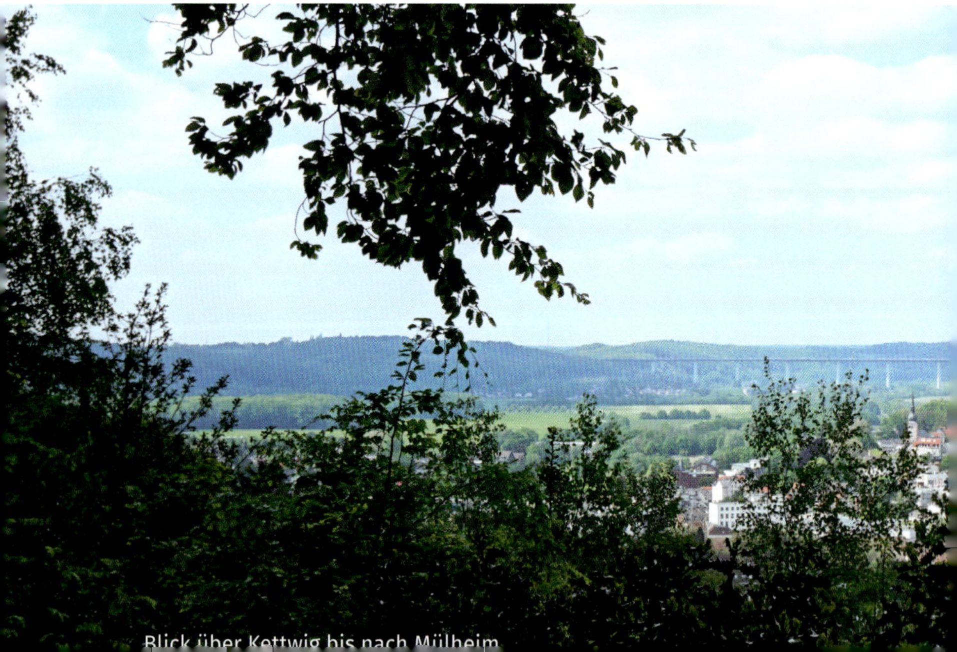
Blick über Kettwig bis nach Mülheim

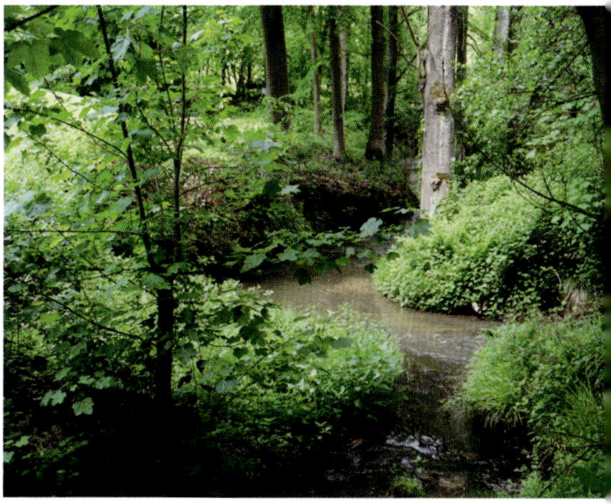

Am Rommersbach

Es weist nach rechts Richtung Laupendahler Höhe. Am ehemaligen Charlottenhof vorbei erreichen wir so die gleichnamige Straße, biegen nach rechts und nur wenige Meter weiter nach links in die Laupendahler Höhe ein. Auf der extrem steilen Straße wandern wir bergab, bis wir nach links in den Hasselbeckweg abzweigen.

In „Am Wildbach" biegen wir nach rechts ein und unterqueren die Bahnlinie. Auf der anderen Seite der Durchgangsstraße folgen wir schräg rechts gegenüber dem Neanderlandsteig. Dieser führt uns an einer alten Mühle vorbei auf eine Querstraße, über die wir nach rechts einen Kreisverkehr erreichen. Wir gehen an der Kirche vorbei und dahinter am Haus Ringstraße 203 rechts. So erreichen wir wieder den Ausgangspunkt.

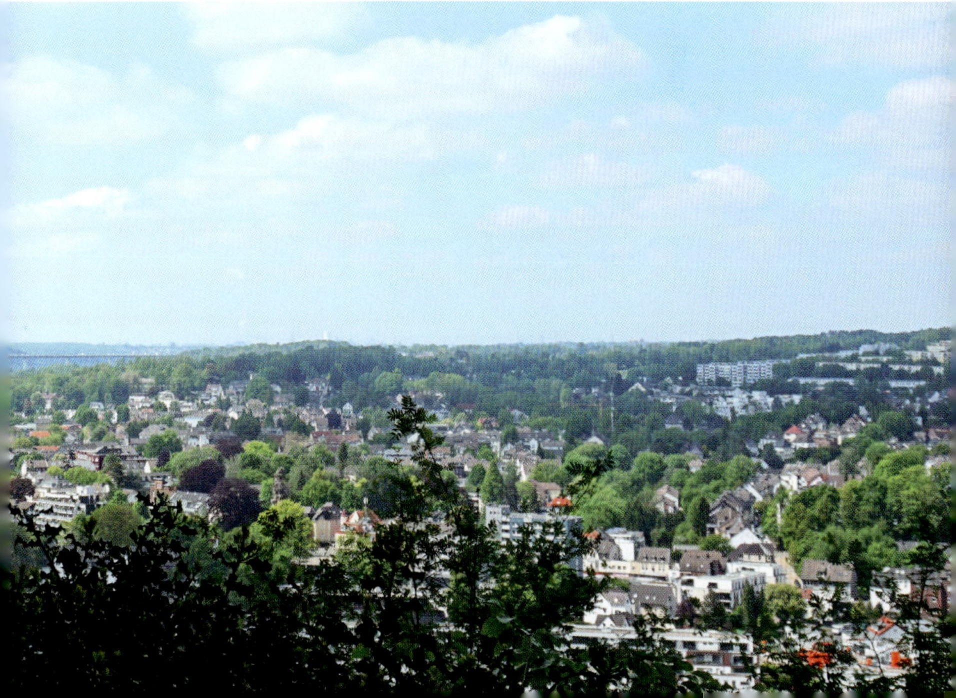

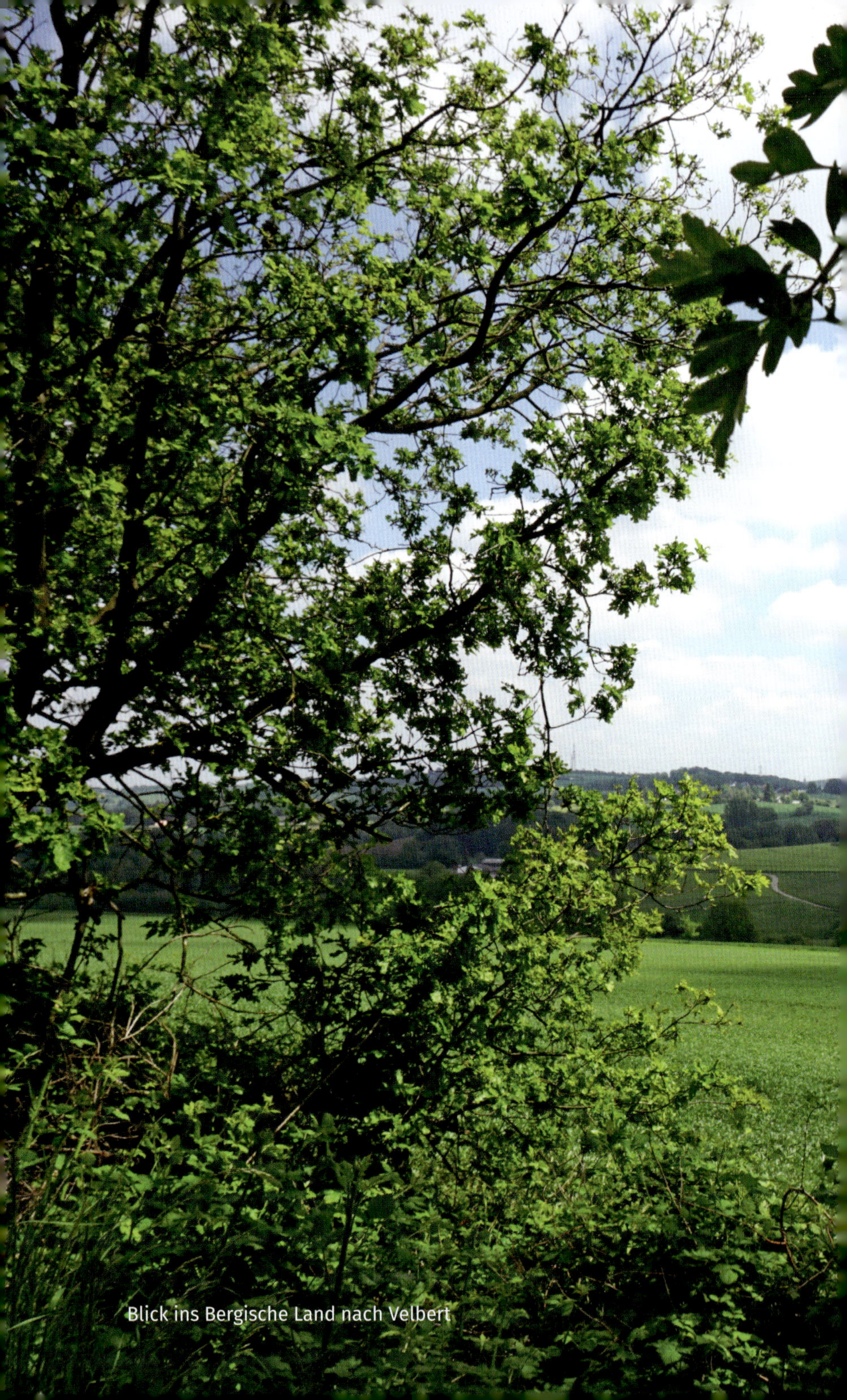
Blick ins Bergische Land nach Velbert

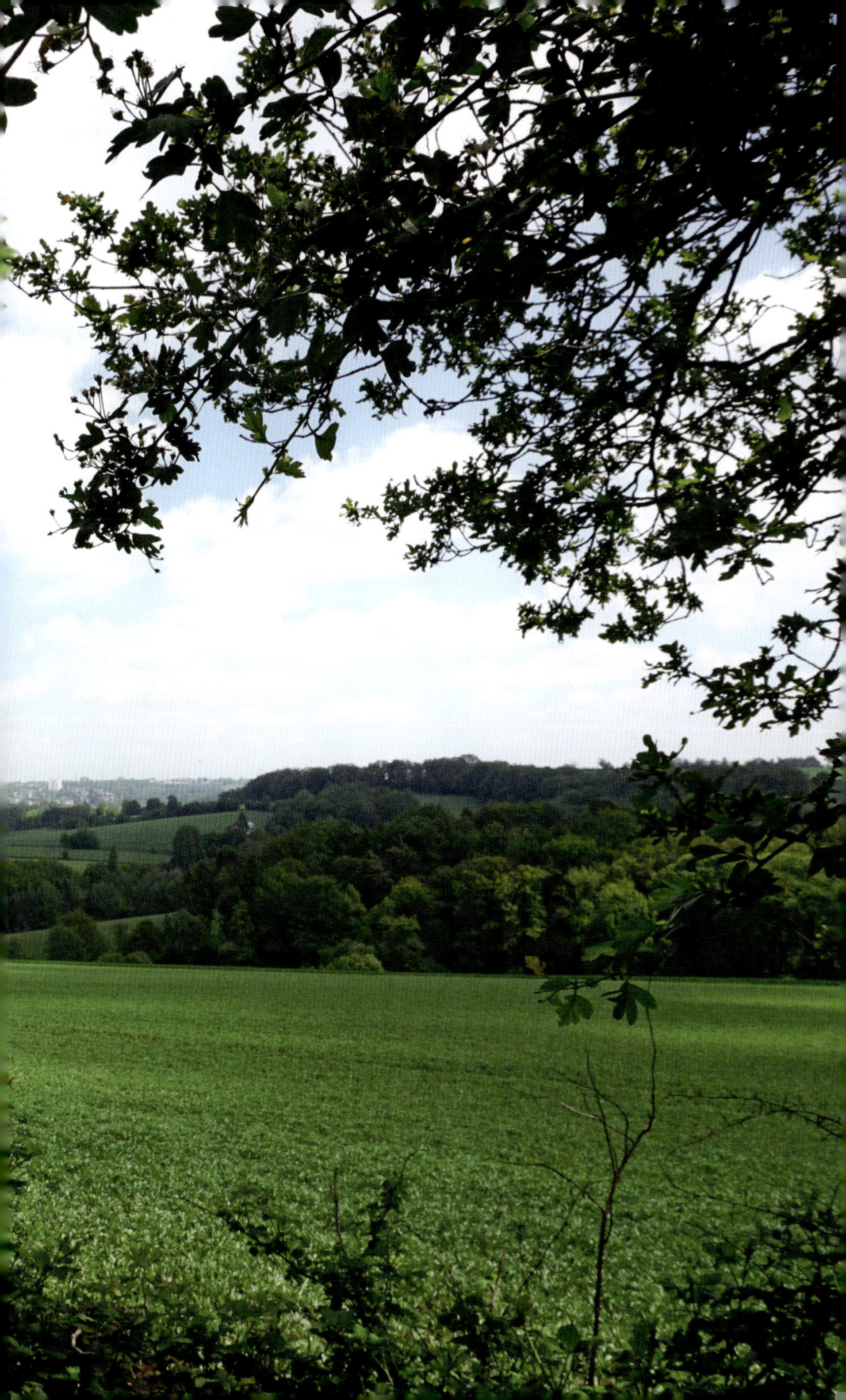

Die Rache der Kunigunde von Schloss Oefte

Manche Legenden sind aus heutiger Sicht kaum noch zu ertragen. Das Märchen, das heute noch von Schloss Oefte erzählt wird, handelt von seinem früheren Besitzer. Berichtet wird von einem gar unschuldigen und ach so bedauernswerten Mann, der nur deshalb boshaft und geldgierig handelt, weil er – wie könnte es anders sein? – den Reizen einer Frau hilflos ausgeliefert ist.
Und deswegen erzählen wir die Ereignisse in Oefte etwas anders, so, wie sie sich auch zugetragen haben könnten ...

Gegenüber von Kettwig, auf der anderen Seite der Ruhr, liegt das Schloss Oefte. Einst lebte dort der Ritter Eberhard von Oefte, der sich mit Kunigunde von Quade vermählte. Sie war eine sanfte und gutmütige Frau. Die Ehe versprach, glücklich und zufrieden zu verlaufen, und bald wurde ihnen auch ein Söhnlein geboren.
Doch im angrenzenden Kattenschlosse bei den Rittern von Lüttelnau ging es nicht so gemütlich zu, diese wurden bedroht von einem gar streitsüchtigen Pack, und so wurde ihre Burg überfallen und alle Bewohnerinnen und Bewohner von den Feinden ermordet – bis auf die Tochter Arminia. Nur sie sollte weiterleben, da sie sich rechtzeitig im Geheimgang der Burg verstecken konnte. Sie war eine schlaue Person und nur so hatte sie sich retten können.
Aber alle Schlauheit hatte sie auch ins Unglück gestürzt: Allein und als Waise war sie schutzlos. Und so bat sie um Unterkunft bei der sanften Kunigunde und ihrem Mann Eberhard, und die Bitte wurde ihr gewährt. Aber ihre gute Tat sollte sich alsbald als Fehlentscheidung für die junge Kunigunde erweisen. Arminia war von wunderschöner Gestalt, unschuldig und rein. Und dem schneidigen Eberhard gefiel sie sehr gut. Er wollte sie erobern und machte ihr den Hof. Doch Arminia wollte davon nichts wissen, hatte sie doch in Kunigunde eine gute Freundin gefunden.
Der abgewiesene Ritter heckte eine teuflische List aus. Er ließ nach der Hexe schicken, um sie einen Liebestrank brauen zu lassen, und als diese

sich weigern wollte, drohte er ihr mit dem Tode. Und so brachte die Hexe den Liebeszaubertrank und die arme Arminia wurde gefügig gemacht. Einmal von seiner Leidenschaft gepackt, glaubte der Ritter, nicht mehr auf das Mädchen verzichten zu können, und wollte sich seiner Ehefrau entledigen. Und so schmiedete er den Plan, sie zu ermorden. Arminia, unter dem Bann des Zaubertrankes, erkannte die Gefahr nicht, und so starb Kunigunde durch die Hand ihres Mannes in einer dunklen Nacht. Der kleine Sohn wurde in die Obhut einer fremden Frau gegeben, die sich nicht besonders um das bemitleidenswerte Kind bemühte. Doch die Seele der verstorbenen Kunigunde fand keine Ruhe, sie konnte ihren Sohn nicht sich selbst überlassen und sorgte weiter für ihn.

Eines Nachts ließ die nachlässige Pflegerin das Kind stundenlang weinen, ohne es zu trösten, und da rief der Geist der Kunigunde sie so lautstark zur Pflicht, dass sie vor Schreck aus der Burg in den Wald floh und nicht mehr zurückkehrte. Also musste sich fortan Arminia selbst um den Stiefsohn kümmern, und in der nächsten Nacht erschien der Geist der Kunigunde erneut, um Arminia mit gar schrecklichen und gruseligen Worten zu ermahnen, besser auf ihren Sohn zu achten.

Und in diesem Moment, als die Worte durch den Raum hallten, erlosch der Zauber des Liebestrankes für immer, und die junge Frau erkannte, dass sie den Ritter Eberhard gar nicht liebte und ihn auch nie geliebt hatte. Eine tiefe Schuld legte sich über sie, und sie verließ am nächsten Morgen schluchzend und heulend das Schloss. Sie fand Schutz im Kloster Saarn und verbracht dort ihr restliches Leben, um Buße zu tun und für die Menschen zu beten.

Auch Eberhard, der sich nun selbst um den Sohn kümmern musste, wurde in der darauffolgenden Nacht vom Geist seiner ermordeten Frau heimgesucht, und erst da erkannte er seine Gräueltat und fiel in eine tiefe Traurigkeit. Er übertrug die Erziehung seines Sohnes dem Priester zu Mintard und lebte selbst bis zu seinem Tode als Eremit in einer Klause im Wald, um Buße zu tun.

Der Sohn aber wuchs und entwickelte sich prächtig und kam ganz nach seiner wohltätigen Mutter. Und so erzählt die Legende, dass er sich als junger Mann zum Priester weihen ließ und so viel Gutes für die Menschen an der Ruhr bewirken konnte.

Tour 3

Startpunkt

Zwischenziele

Zielpunkt

Haltestelle

Aussichtspunkt

Sehenswürdigkeit

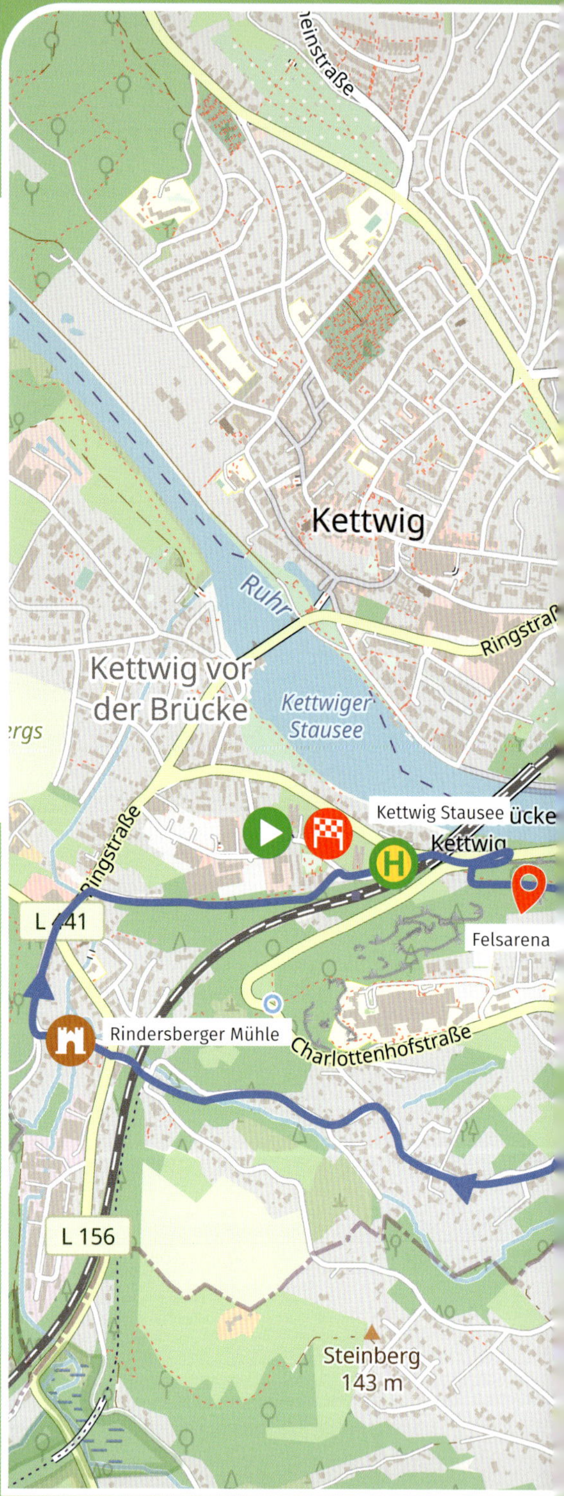

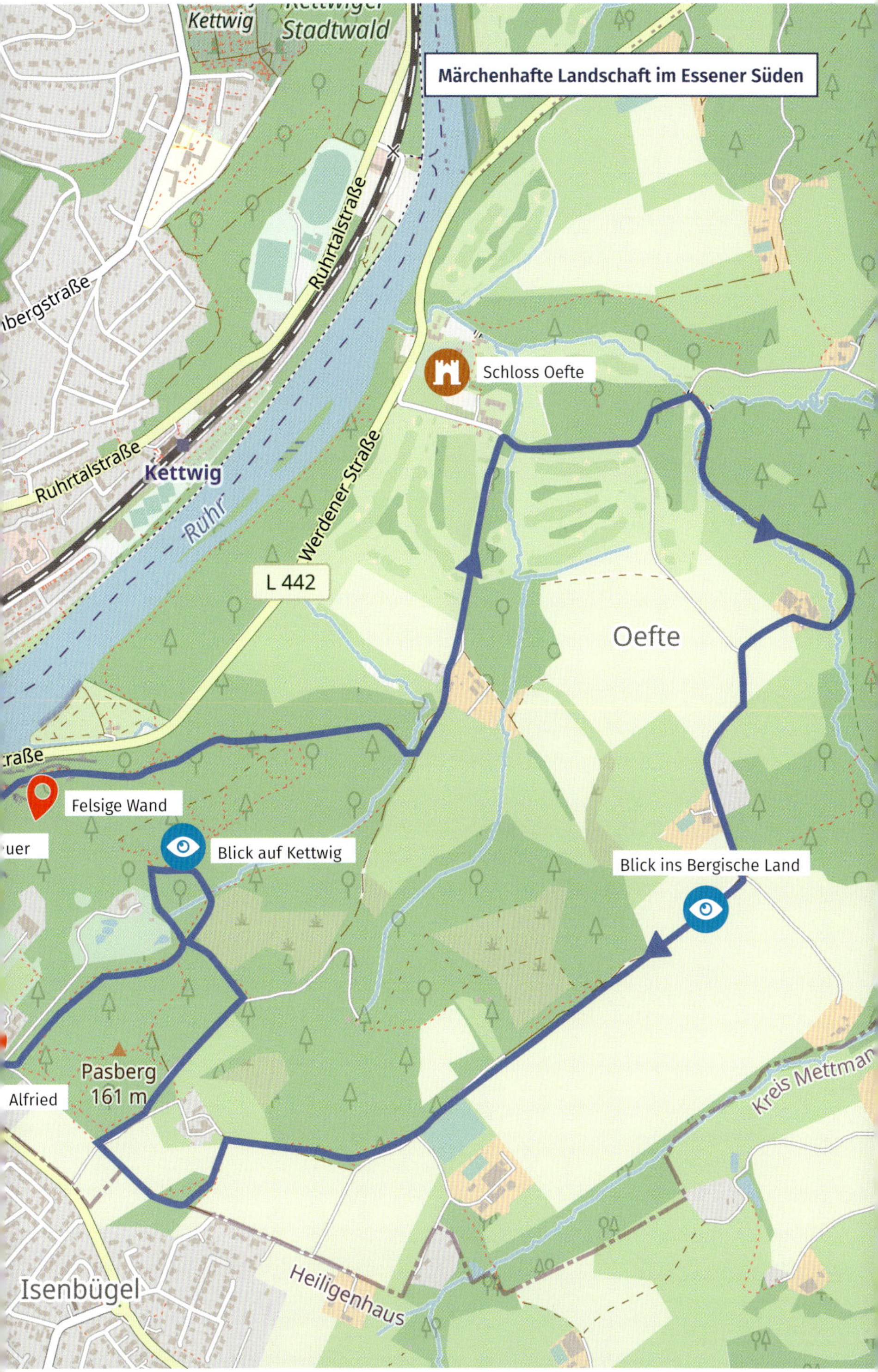
Märchenhafte Landschaft im Essener Süden
Kettwig
Stadtwald
Ruhrtalstraße
bergstraße
Schloss Oefte
Ruhrtalstraße
Kettwig
Ruhr
Werdener Straße
L 442
Oefte
raße
Felsige Wand
uer
Blick auf Kettwig
Blick ins Bergische Land
Pasberg
161 m
Alfried
Kreis Mettman
Isenbügel
Heiligenhaus

Menschenhand und Gottes Werk

Zwischen dem „echten" Mechtenberg und der Halde Rheinelbe

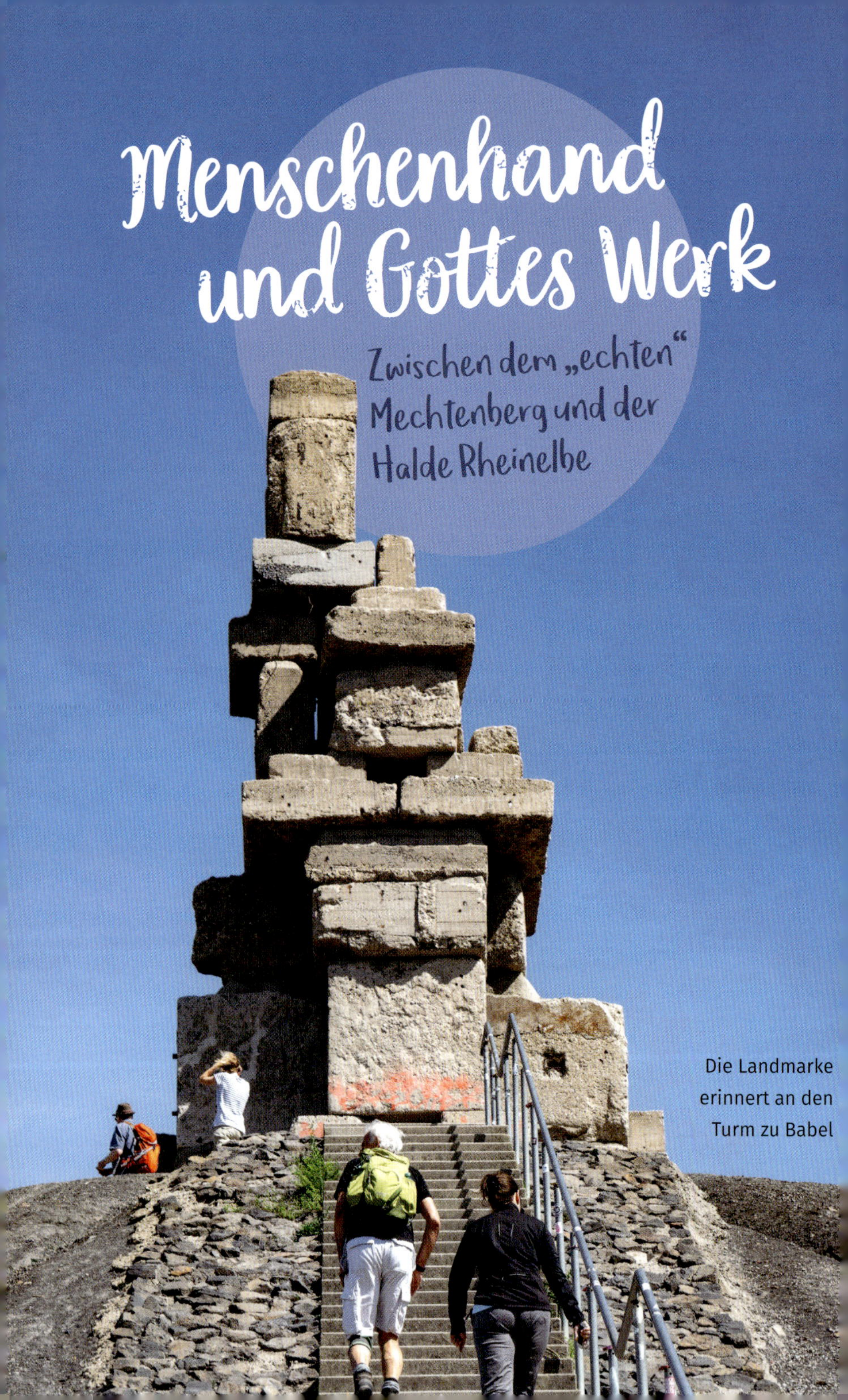

Die Landmarke erinnert an den Turm zu Babel

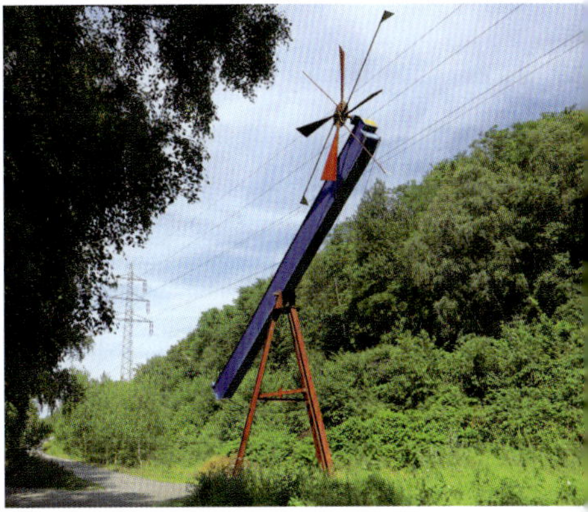

Windwaage

Schöpferin Natur hat im Ruhrgebiet Konkurrenz bekommen: Halde um Halde prägen heute zahlreiche künstliche Berge das Aussehen der Landschaft. Ist aber dieses Eingreifen des Menschen gut oder anmaßend? Zwischen einem der wenigen echten Erhebungen im mittleren Ruhrgebiet, dem schon während der Eisenzeit bewohnten Mechtenberg, und der Halde Rheinelbe mit ihrem absichtlich zerfallenden Skulpturenpark stellen sich in unserer Fabel Fuchs und Schlange dieser schon seit dem Turmbau zu Babel aktuellen Frage. Dazwischen verheißt diese Wanderung viel Natur: zum Beispiel das einzigartig vielfältige Grün des Industriewaldes auf dem alten Zechengelände.

Tour 4

2:45 Std. | 10,5 km | 94 Meter

Start/Ziel: Parkplätze am Technologiepark, Virchowstraße, 45886 Gelsenkirchen
Wegbeschaffenheit: Waldwege, Schotterwege, asphaltierte Rad- und Gehwege
Anreise mit ÖPNV: Haltestelle Virchowstraße

Wegbeschreibung:

Hinter dem Parkplatz am Technologiepark an der Virchowstraße ist nach links die Forststation Rheinelbe ausgeschildert. Wir folgen dem Schild und nehmen nach der Rechtskurve den Weg, der an dem alten Gemäuer nach links abzweigt. Durch das rote Tor verlassen wir den breiten Weg nach links in den Industriewald und folgen dem Pfad bis zur T-Kreuzung, an der wir uns nach links wenden. Nach einer Senke erreichen wir etwas höher eine Kreuzung, die wir geradeaus überqueren, um bald eine kleine Anhöhe zu erklimmen.
Oben wenden wir uns in einem kleinen Birkenwald nach rechts wieder bergab. Gebäudereste bilden die Stufen einer breiten Treppe, auf der wir wieder zum Hauptweg zurückkehren.

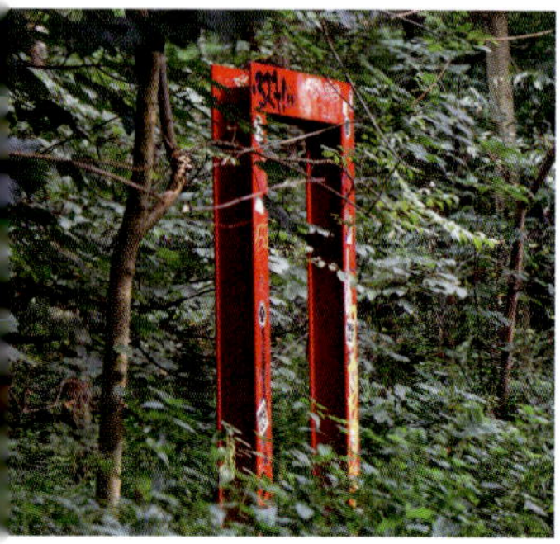

Das rote Tor

Am Weg

Forststation Rheinelbe

Dem sogenannten Industriewald, der sich über viele Jahrzehnte ausgebreitet hat, gebührt besondere Aufmerksamkeit. Dazu wurde das ehemalige Schalthaus der Zeche als Forststation des Landes ausgebaut. Hier untersucht man zum Beispiel, warum sich Pflanzen aus wärmeren Erdteilen gerne auf den nährstoffarmen und trockenen Böden der Halden ansiedeln. Die Forststation hat sich nicht nur ökologische, sondern auch soziale Aufgaben gestellt, weswegen die Station im Jahr 2020 im Rahmen der UN-Dekade Biologische Vielfalt in der Kategorie „Soziale Natur, Natur für alle“ einen Preis erhalten hat.

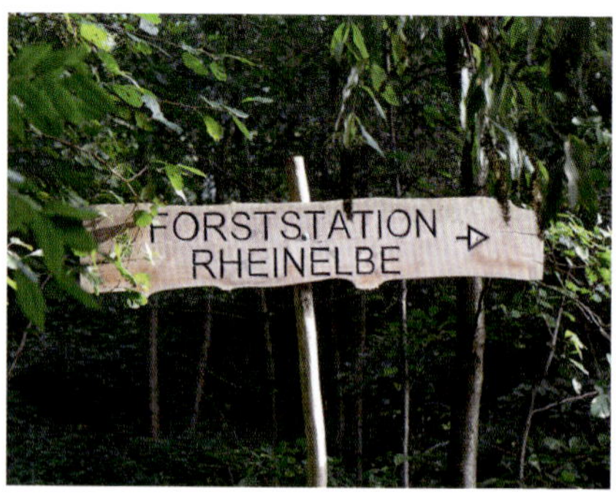

Am Weg

Industriewald der Halde Rheinelbe

Die ehemalige Zeche wird schon seit 1928 nicht mehr bewirtschaftet. Die Betriebsgebäude wurden zum Großteil abgerissen, das Schuttmaterial auf den Halden verteilt und Senken damit aufgefüllt. Das über Jahrzehnte brachliegende Gelände der Zeche Rheinelbe wurde so zu neuem Lebensraum für Tiere und Pflanzen – und zählt zu den ältesten Industriebrachen Mitteleuropas. Erst im Zuge der Internationalen Bauausstellung Emscher Park wurde das Areal umgestaltet und mit Wegen versehen. Nach der letzten Schüttung 1999 entwarf der Künstler Herman Prigann den Skulpturen-Park: Er schuf aus den Resten und Ruinen der Zeche besondere Kunstwerke, die sich in den verwunschenen Wald einfügen und von den Besuchern entdeckt werden möchten.

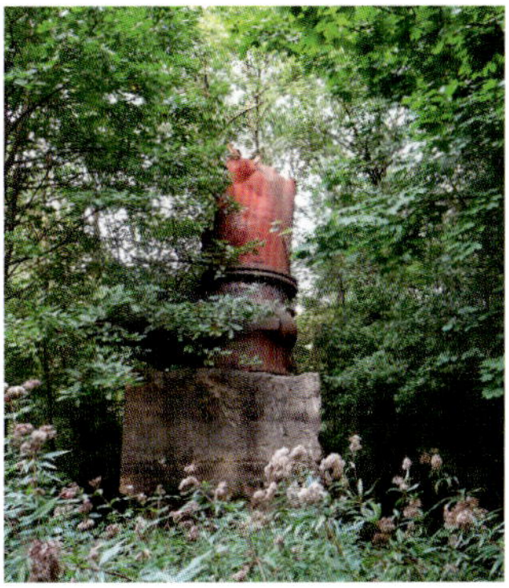

Dort wenden wir uns nach links und an der nächsten Gabelung noch einmal. Der Pfad führt uns auf eine Art Kamm, den das Gelände hier bildet. Auf diesem wandern wir nach rechts, bis wir an eine Treppe stoßen, die nach rechts hinunterführt. Diese benutzen wir aber nicht, sondern wenden uns nach links und dann auf dem Fahrradweg noch einmal nach links.

Vor der Brücke nehmen wir die Treppe hinunter, unterqueren sie und wenden uns gleich danach nach links und im Von-Wedelstaedt-Park nach rechts. So gelangen wir an einen kleinen Teich und halten dahinter nach rechts auf den Fahrradweg zu. Diesen überqueren wir und gehen geradeaus bis zur nächsten Kreuzung und dort rechts. Vor uns erkennen wir bald wieder die Brücke über den Hauptweg. Davor wenden wir uns allerdings nach links und gelangen im Wald an eine Art Geländer, an dem wir rechts vorbeigehen. Dahinter halten wir uns sofort links. In einer weiten Kurve wandern wir um die

Ebene herum, links von uns immer die Abbruchkante. Vor dem Hügel, auf den wir schließlich zugehen, gehen wir links und gelangen so wieder auf den Radweg, der uns nach links an den Fuß der Halde Rheinelbe führt.
Von dem Kunstobjekt „Windwaage" aus erklimmen wir die Halde – wir entscheiden uns, rechtsherum zu gehen. Nach dem Besuch der Himmelstreppe auf dem Gipfel der Halde nehmen wir den hintersten der drei Wege, die von der Treppe aus gesehen spiralförmig nach rechts den Hang wieder hinunterführen.
So kommen wir wieder an die „Windwaage" und gehen nun geradeaus Richtung Essen weiter. Wir folgen dem Fahrradweg, überqueren schließlich auf einer Brücke die Bundesstraße und gehen danach bei nächster Gelegenheit nach rechts. So wandern wir zunächst zurück zur Bundesstraße und davor links.

Am Weg

Die Himmelstreppe auf der Halde Rheinelbe

Der Künstler Herman Prigann hat der Halde ihr eigenes Gesicht verliehen. Die „Himmelstreppe" steht frei auf dem aufgeschütteten, anthrazitfarbenen Spitzkegel des Tafelberges und erst von Nahem wird erkennbar, dass der Künstler 35 Betonquader aus den ehemaligen Zechengebäuden zu einem Turm aufgestellt hat. Prigann ließ sich dabei vom Turmbau zu Babel – von der Vergänglichkeit aller Bauversuche des Menschen – inspirieren. Es ist ihm egal, wenn seine Kunst verfällt und zerfällt. Mehr sogar: Es ist der Inhalt seiner Kunstwerke im Industriewald und auf der Halde Rheinelbe.

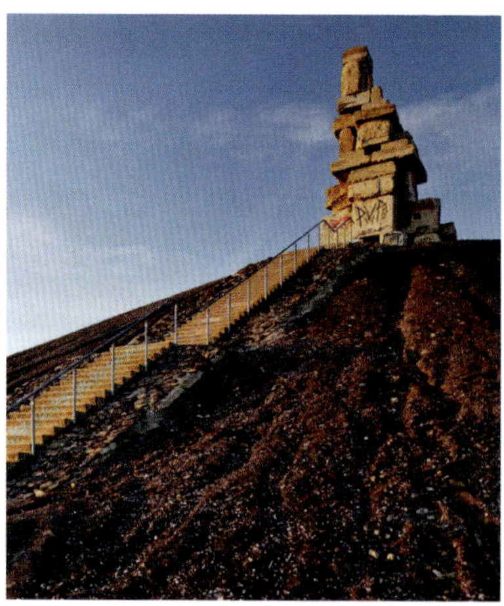

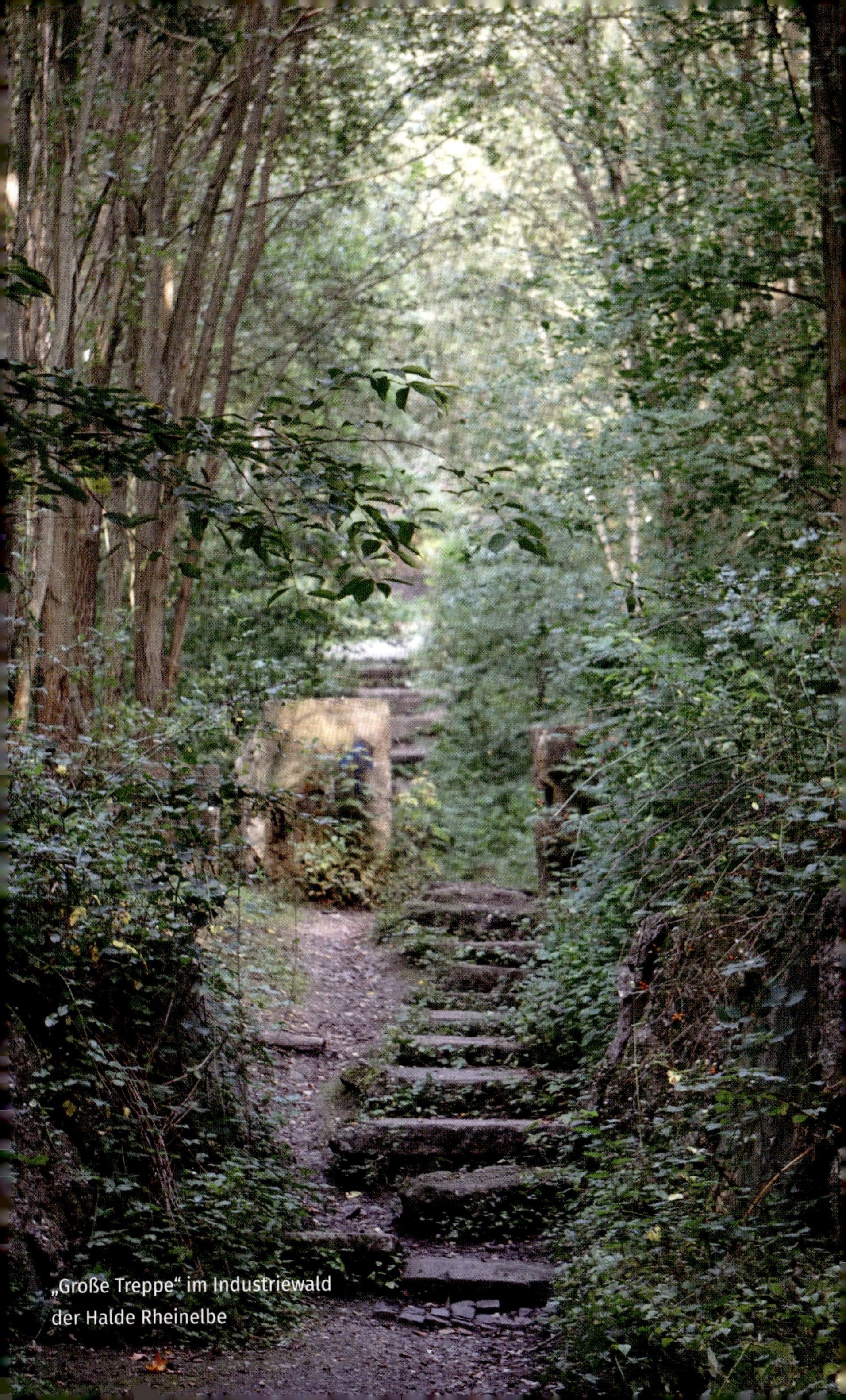

„Große Treppe" im Industriewald der Halde Rheinelbe

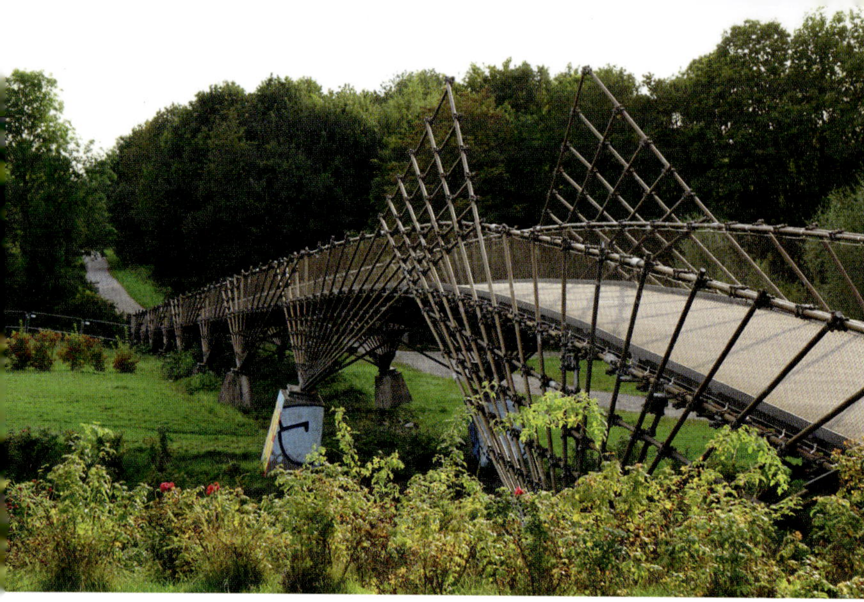

Die Mechtenbergbrücke

Nach dem „Bauernhof am Mechtenberg" zweigen wir in die kleine Straße nach links ab, die uns bis zur Bahnlinie führt. Davor schwenken wir in den Fußweg nach rechts zum Mechtenberg ein, nehmen aber sofort den schmalen Pfad auf direktem Weg den Berg hinauf. Vom Bismarckturm schauen wir zurück zur Halde Rheinelbe und gehen auf dem gepflasterten Weg wieder hinunter. In den Querweg wenden wir uns nach rechts und an der nächsten Gabelung noch einmal. An einer Infotafel überqueren wir einen weiteren Weg und gehen mit Blick auf die Himmelstreppe weiter.
Wir überqueren die Mechtenbergbrücke über die Bundesstraße, und nach den Klangsteinen wandern wir über die Kreuzung hinweg. So gehen wir – auch an der nächsten Querstraße – immer geradeaus durch den Park, bis wir kurz vor der Virchowstraße den gepflasterten Weg nach rechts nehmen. Dort müssen wir noch die Leithestraße überqueren und ein Stück der Virchowstraße folgen und kommen so zurück zum Ausgangspunkt.

Gastronomie:

Bauernhof am Mechtenberg, Am Mechtenberg 5, 45309 Essen, Telefon 0201/5587726, www.bauer-budde.de

Am Weg

Mechtenberg

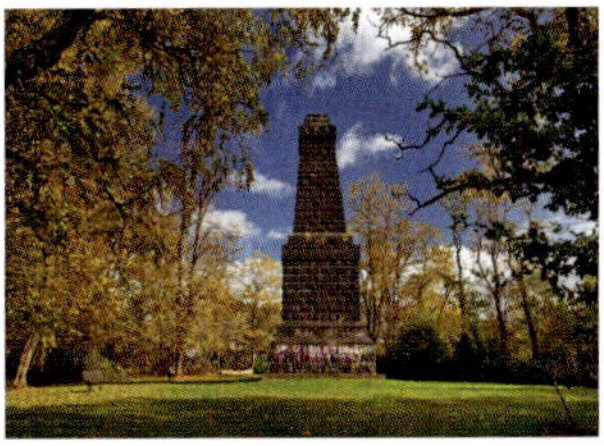

Zwischen den Städten Essen, Gelsenkirchen und Bochum gibt es einen Berg, der nicht von Menschenhand geschaffen wurde, sondern von der eiszeitlichen Natur. Die Ruhr beförderte in dieser kalten und niederschlagsreichen Zeit große Schottermengen und diese bildeten den 100 Meter hohen Mechtenberg. Als einzige Erhebung weit und breit war er wohl schon in der Steinzeit für die Menschen Siedlungs- und Kulturraum. Heute ziert einer von deutschlandweit etwa 240 Bismarcktürmen seine Kuppe.

Der Landschaftspark Mechtenberg

Im Rahmen der IBA Emscher Park wurde der Landschaftspark entwickelt und ein Konzept für die Nutzung der Waldreste, Ackerflächen, Feuchtbiotope und ehemaligen Deponiebrachen rund um den Mechtenberg erstellt. Künstler entwickelten farbige Bepflanzungskonzepte und schufen so Landschaftskunstwerke: Obstbaumwiesen, Alleen, ein Baumkreis, Klangsteine, Basalt-Klang-Stelen und kleine Aussichtstürme wurden aufgestellt. So wurden die ehemaligen Brachflächen zum Erholungsraum für die Bevölkerung und zu einem wichtigen Lebensraum von Pflanzen und Tieren.

Mechtenbergbrücke

Die fächerförmige Stahlkonstruktion wirkt wie aus Bambus gebaut und vermittelt so Leichtigkeit und Beschwingtheit. Eigentlich sind es Eisenträger mit Knotenverbindungen, die diese Wirkung erzeugen und die 130 Meter lange, vom Atelier Frei Otto geplante Brücke tragen. Man hat fast das Gefühl, von der Brücke – mit ihrer ganz besonderen Form und Ästhetik – auf die andere Seite der Straße getragen zu werden.

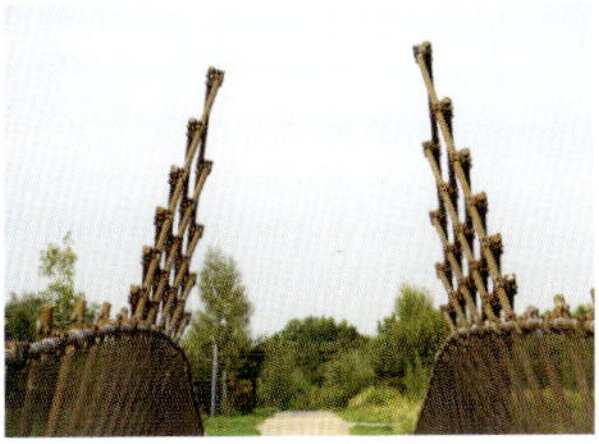

Was der Turmbau zu Babel mit der Halde Rheinelbe zu tun hat

Die Himmelstreppe auf der Halde Rheinelbe und die Idee des Künstlers Herman Prigann, an den Turmbau zu Babel zu erinnern und damit die Vergänglichkeit allen menschlichen Strebens zu symbolisieren, inspirierte uns zu der Geschichte vom kleinen Fuchs und der missionarischen Schlange. In Zeiten der steigenden Umweltproblematik und Klimakrise wollen uns die Erzählung und die Kunstwerke auf der Halde dazu anregen, über diese Thematik nachzudenken ...

Es war einmal ein kleiner Fuchs, der lebte im Industriewald der Halde Rheinelbe. Er war ein schlauer Fuchs, und er beobachtete alles ganz genau. Um ihn herum waren viele Kunstwerke, einige waren umgefallen, andere schon fast zerfallen. Und trotzdem er diese Kunstwerke liebte, so wie sie waren, wunderte er sich doch manchmal darüber und wollte eine Erklärung dafür finden.

Da hörte er es plötzlich rascheln und zischen, und etwas bewegte sich neben ihm im Gras. Zuerst konnte er nichts erkennen, aber plötzlich tauchte ein Kopf auf: zwei starre Augen, ein langer Hals. „Oje, eine Schlange!“, dachte der Fuchs und wollte schon aufspringen.

Doch da begann die Schlange bereits, mit heiserer Stimme zu sprechen: „Du willst wissen, warum alles zerfällt, was die Menschen bauen?“

„Äh, jaaah“, sagte der Fuchs und versuchte, sich seine Angst vor der Schlange nicht anmerken zu lassen.

Doch ehe er weiter überlegen konnte, sprach diese schon ehrfürchtig: „In der Bibel steht geschrieben, dass vor langer, langer Zeit auf der Erde ein Volk lebte, das eine einheitliche Sprache besaß, und dieses Volk wurde immer mächtiger und reicher, und irgendwann begann es, einen riesigen Turm zu bauen, der bis an den Himmel reichen sollte: den Turm zu Babel. Doch dies gefiel Gott gar nicht“, die Schlange zischte nun: „Die Menschen sollten sich nicht mit ihm auf eine Stufe stellen, und so fuhr der Herr herab und verwirrte sie und gab ihnen zur Strafe unterschiedliche Sprachen und verstreute sie anschließend über die ganze Erde. Und so zerfiel der riesige Turm und das ganze Vorhaben misslang.“ Mit einem tiefen Seufzer fügte die Schlange hinzu: „Schau dich um, kleiner Fuchs, so ist es immer noch: Alles, was die Menschen erbauen, zerfällt irgendwann zu Staub. Das hat Gott so eingerichtet, damit sie sich immer daran erinnern, sich nicht über ihn zu stellen!“

Der kleine Fuchs dachte nach, während sich die Schlange besonders weise fühlte. Und dann sagte er, der ein stolzer Ruhrpott-Fuchs war: „Was du sagst, stimmt. Aber hier, wo ich wohne, haben die Menschen ganze Berge aufgetürmt, die sie Halden nennen. Hier, schau, auf diesem Berg haben sie sogar eine Himmelstreppe errichtet. Und ich habe gehört, dass es im Ruhrgebiet viele solcher von Menschenhand errichtete Berge gibt. Da hat Gott aber viel zu tun, wenn er die alle wieder abtragen will“, sagte der kleine Fuchs und kam sich auch sehr wichtig vor, als er hinzufügte: „Und mir scheint, er hat das gar nicht vor.“

Die Schlange hob ihren Kopf, so dass sie dem Fuchs direkt in die braunen Augen schauen konnte. „Ja, ja, ein bisschen haben die Menschen inzwischen vielleicht gelernt“, entgegnete sie sichtlich genervt. „Aber hier haben sie ja auch hauptsächlich nach unten gebaut und nicht nach oben, und der Untergrund, auf dem ich krieche, ist löchrig wie ein Schweizer Käse ...“ Sie ließ den Fuchs einfach stehen und schlängelte sich davon, um ein anderes Tier zu bekehren.

„Warum glauben diese Tiere ohne Beine immer, dass sie viel schlauer sind als wir?“, fragte sich der kleine Fuchs, stieß sein bellendes Lachen aus und machte sich gemütlich auf den Weg zur Himmelstreppe. Er wollte den schönen Blick über das Ruhrgebiet genießen und den Ausblick auf den wirklich und wahrhaftig von Gotteshand erbauten Berg, den Mechtenberg.

Was glaubt ihr, wer von den beiden recht hat? Die Schlange oder der Fuchs? Beide? Oder etwa keiner von ihnen?

Tour 4

- Startpunkt
- Zwischenziele
- Zielpunkt
- Haltestelle
- Gastronomie
- Aussichtspunkt
- Sehenswürdigkeit
- Kunstobjekt

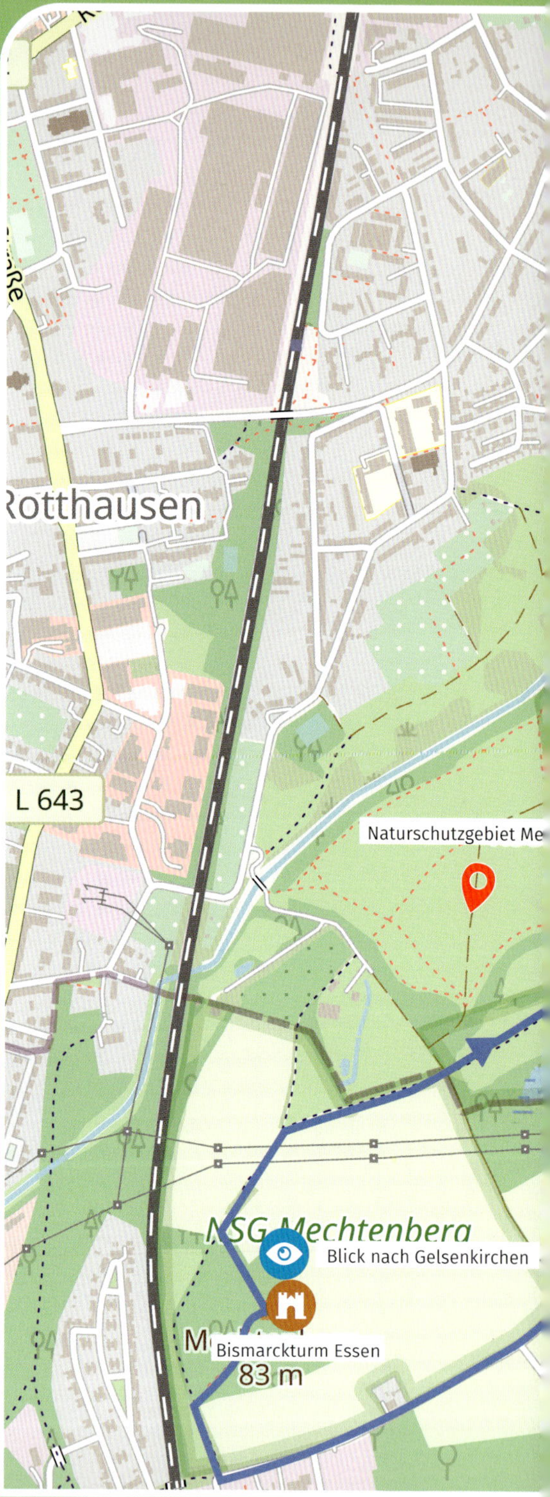

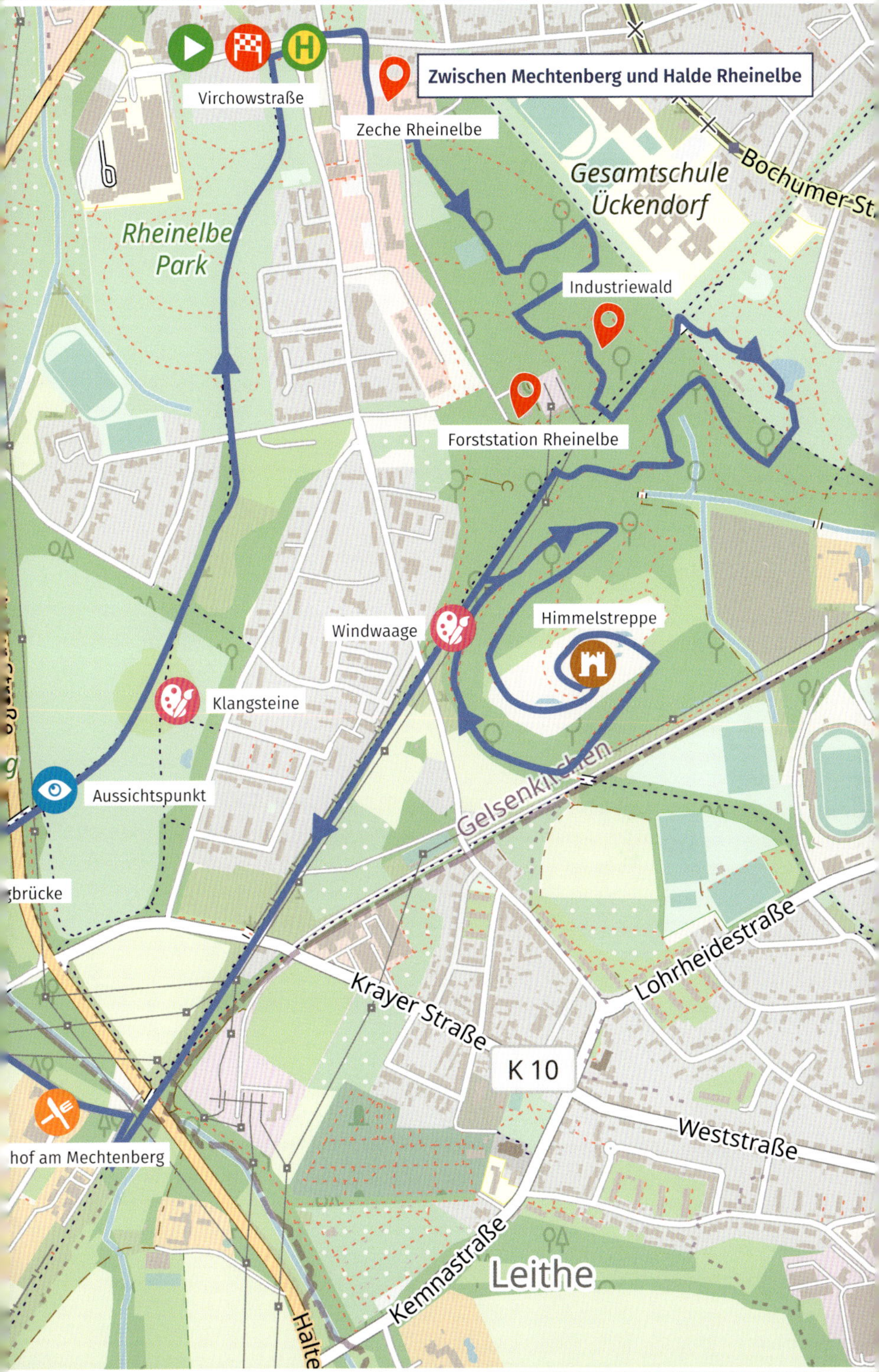
Zwischen Mechtenberg und Halde Rheinelbe
Virchowstraße
Zeche Rheinelbe
Gesamtschule Ückendorf
Bochumer St
Rheinelbe Park
Industriewald
Forststation Rheinelbe
Windwaage
Himmelstreppe
Klangsteine
Aussichtspunkt
brücke
Gelsenkirchen
Lohrheidestraße
Krayer Straße
K 10
Weststraße
hof am Mechtenberg
Kemnastraße
Leithe
Halte

Zwei-Burgen-Runde

Von Blankenstein nach Kemnade

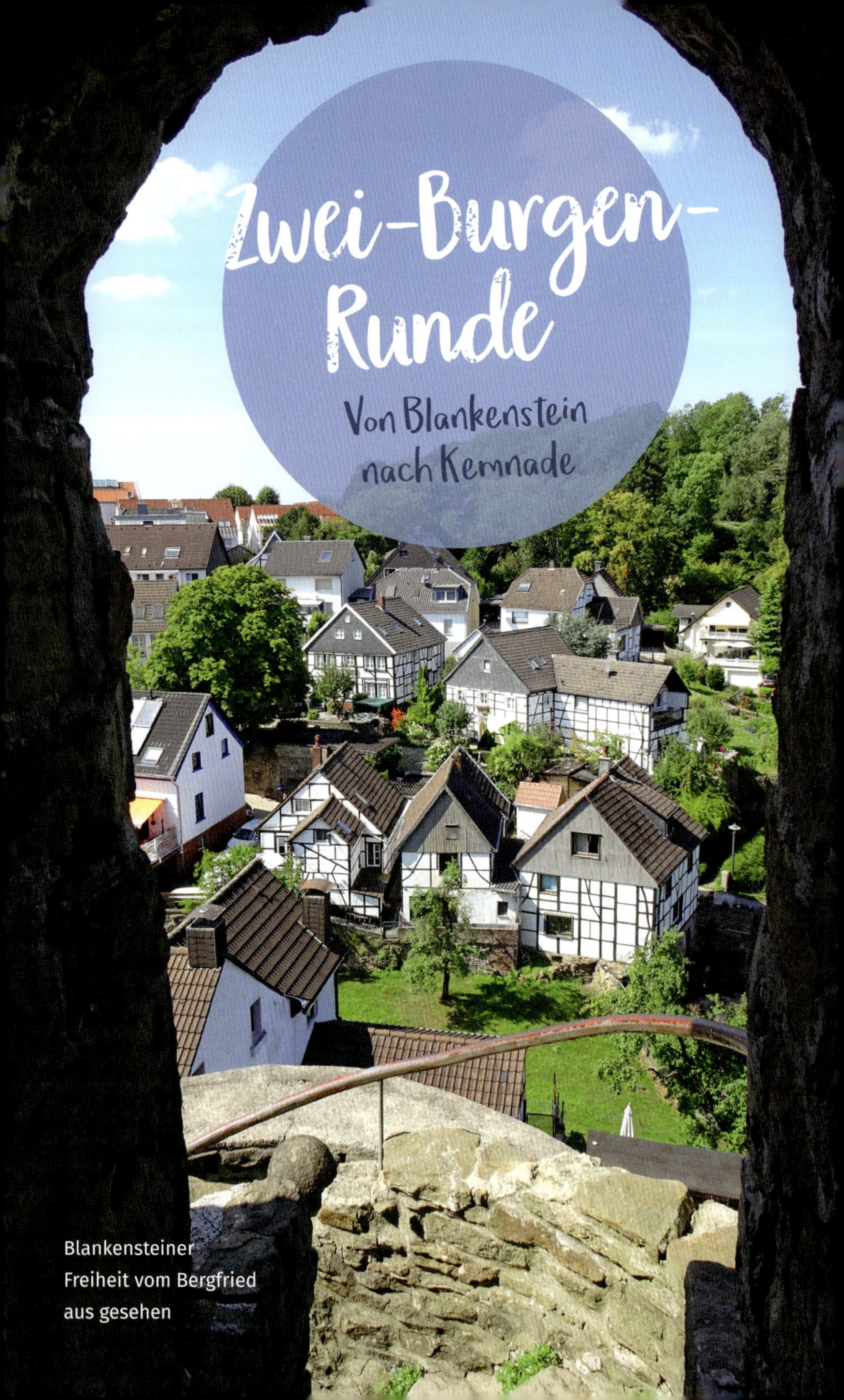

Blankensteiner Freiheit vom Bergfried aus gesehen

Unterschiedlicher können die beiden Burgen kaum liegen: die trutzige, von Weitem sichtbare Ritterburg auf dem schroffen Felsen hoch über der Ruhr, von deren eckigem Turm man eine wunderbare Aussicht genießen kann, und die Wasserburg unten im Tal. Kein Wunder, dass auch die Erzählungen und Legenden sehr verschieden sind. Doch sie alle drehen sich um Liebe und Großzügigkeit, aber auch um Habgier und Geiz.

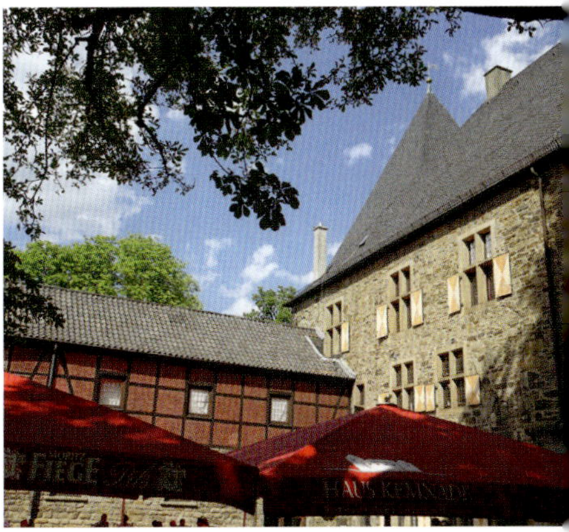

Im Burghof von Kemnade

Tour 5

2:15 Std. | 10 km | 204 Meter

Start/Ziel: Im Vogelsang, 45527 Hattingen
Wegbeschaffenheit: teils wenig befahrene Asphaltsträßchen, teils Waldwege
Anreise mit ÖPNV: Haltestellen Museum/Klinik

Wegbeschreibung: Um diese Wanderung zu beginnen, gehen wir bis zur Lieferanteneinfahrt der Klinik Blankenstein, die sich ganz am rechten Rand des Geländes befindet. Etwas versteckt beginnt rechts ein schmaler, abschüssiger Pfad, der uns durch dichte Hecken direkt in den schönen Wald führt. Zwischen hohen Ilexbüschen wandern wir hinunter zum Bach, bleiben aber diesseits der Hesselbecke.

Immer links des Baches erreichen wir schließlich eine kleine Straße, die uns nach links hinauf bis zu einer Querstraße leitet. Dort biegen wir rechts ab und folgen dann den Schildern Richtung „Krans im Katzenstein". Direkt vor der Gaststätte halten wir uns an der Gabelung links und folgen der kleinen Straße am Gasthaus vorbei talwärts.

Obwohl asphaltiert, ist es ein sehr schöner Waldweg, der uns – mit dem Pilgerweg des Bistums Essen markiert – Richtung Haus Kemnade führt. An der großen Straßenkreuzung gehen wir Richtung Tankstelle und überqueren die Kreuzung zweimal gegen den Uhrzeigersinn, bevor wir der Straße entlang zur Wasserburg weiterwandern.

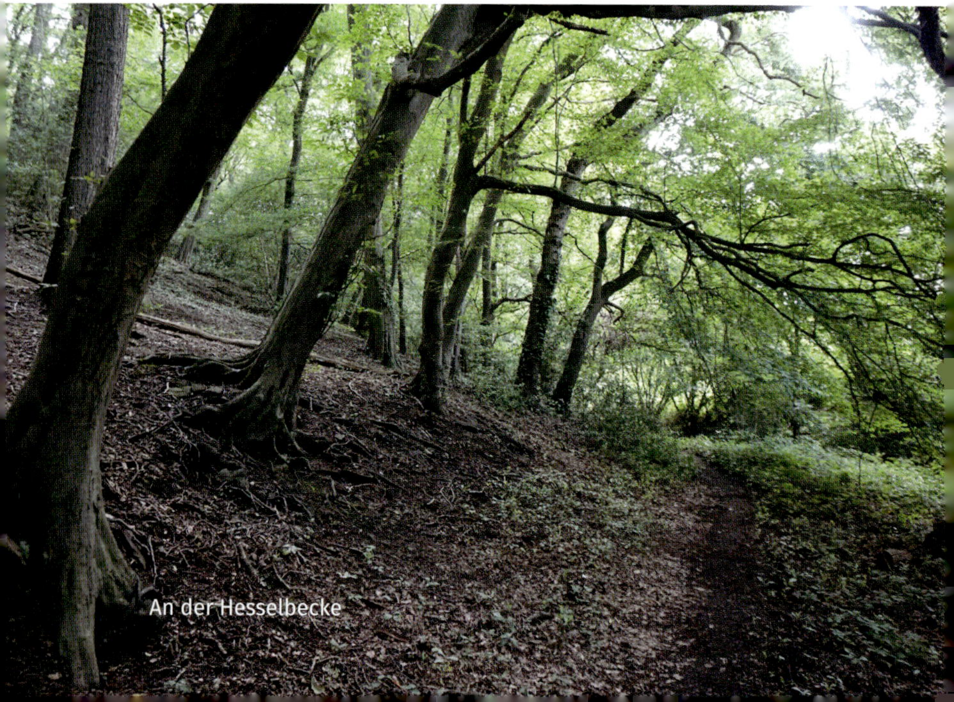

An der Hesselbecke

Am Weg

Haus Kemnade

Urkundlich erstmals 1410 erwähnt, diente das Haus Kemnade über Jahrhunderte den Gerichts- und Patronatsherren von Stiepel als Sitz. Damals verlief die Ruhr noch anders und das Haus lag auf ihrer Nordseite. Das heutige Erscheinungsbild des Adelshauses stammt aus dem 17. Jahrhundert, als es nach einem Brand wiedererrichtet worden war. Die Kapelle aus dem frühen 16. Jahrhundert ist der älteste erhaltene Teil. Haus Kemnade beherbergt mehrere Sammlungen, darunter eine Musikinstrumenten-Sammlung, ein Bauernhaus-Museum und in der Schatzkammer die Geschichtliche Sammlung der Sparkasse Bochum.

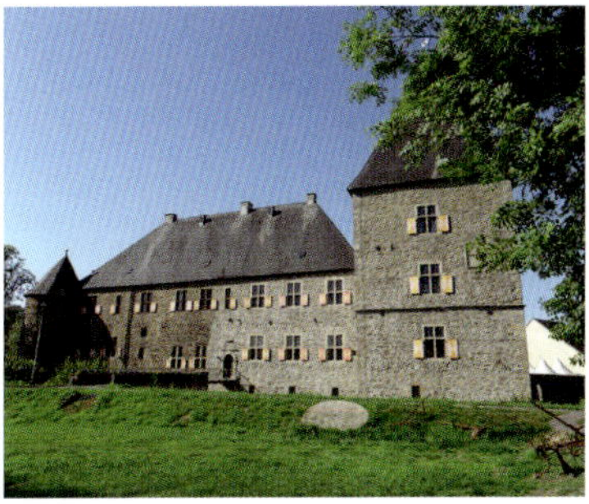

Öffnungszeiten des Museums:
Mai bis Oktober 12 bis 18 Uhr,
November bis April 11 bis 17 Uhr,
montags geschlossen.
Telefon 02324/30268
Gastronomie: Haus Kemnade,
Telefon 02324/93310,
www.hauskemnade.de

Den gleichen Weg gehen wir anschließend wieder zurück, bis wir im Wald wieder auf die Kreuzung treffen, an der rechts direkt hintereinander zwei Wanderwege abzweigen. Wir wählen den ersten, den unteren. Nachdem wir über dem Ruhrtal Aussicht auf Burg Blankenstein hatten, vereinigt sich unser Weg mit einem weiteren, und wir wandern geradeaus bis zur nächsten Gabelung, an der wir rechts gehen. Hier folgen wir den Markierungen A2, Raute und Hattingen-Rundweg.
Nach einer Bank mit Aussicht auf den Kemnader See erreichen wir bald eine breite Straße, die wir in einer Kurve überqueren müssen. Schräg links, noch vor der Bushaltestelle, führt der Wanderweg weiter.

Unterhalb von Blankenstein müssen wir einen zwar kurzen, aber sehr steilen Anstieg auf Asphalt bewältigen. Gleich hinter dem ersten Haus wenden wir uns nach rechts, um die Treppe zur Kirche und zur Burg hinaufzusteigen. Anschließend gehen wir zum historischen Marktplatz von Blankenstein und folgen von dort den Schildern Richtung Gethmannscher Garten. Dieser bietet viel: schöne Aussichten, malerische Rastplätze, wunderschöne Bäume. Auf der hier beschriebenen Route wenden wir uns allerdings gleich zu Beginn nach links und noch vor dem Querweg an der Wiese entlang wieder links bergab.

Am Weg

Burg Blankenstein

Die Grafen von Mark begannen im 13. Jahrhundert mit der Errichtung der Burg über der Ruhr, fertig gestellt wurde sie im 15. Jahrhundert. Aber schnell verlor sie an Bedeutung und drohte zwischenzeitlich sogar abgerissen zu werden. Seit der Sanierung in den 70er-Jahren beherbergt die Burg ein Restaurant; ihre Befestigungsmauer und der rechteckige mittelalterliche Torturm sind begehbar. Und dieser Aufstieg ist ein Muss: Nicht nur der hübsche Ort Blankenstein zeigt sich von seiner schönsten Seite, sondern der Blick geht über die Ruhr und den Kemnader See zu Haus Kemnade und der Stiepeler Dorfkirche bis nach Witten und Dortmund.

Die Burg und der Torturm sind während der Öffnungszeiten des Restaurants frei zugänglich.

Kontakt:

Telefon 02324/33231,
www.burgblankenstein.de

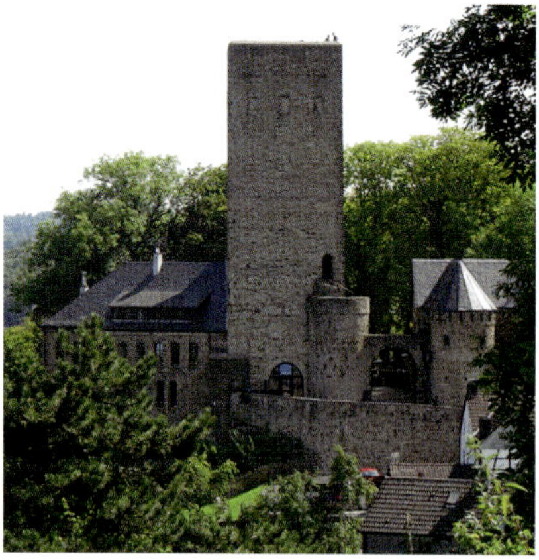

Am Weg

Gethmannscher Garten

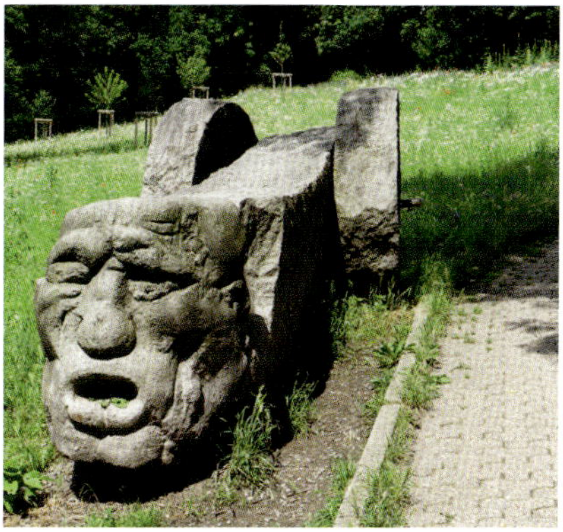

Auch Skulpturen schmücken den Gethmannschen Garten

Er ist eine der ersten öffentlichen Gartenanlagen im Ruhrgebiet, geplant und finanziert Anfang des 19. Jahrhunderts von dem Blankensteiner Unternehmer Carl Friedrich Gethmann. In seiner Anlage ist er ein Gegenentwurf zu streng symmetrischen barocken Gartenanlagen, und selbst der spätere König von Preußen, Kronprinz Friedrich Wilhelm IV., besuchte ihn. Zum Kulturhauptstadtjahr 2010 wiederentdeckt, ist er heute wieder einen Abstecher wert. Der Garten ist immer frei zugänglich.

In die Straße biegen wir nach rechts ein, nehmen die erste Abzweigung nach links, gehen auf das Haus mit der Nummer 9 zu und daran rechts vorbei auf einem sehr schmalen Fußweg.
An der nächsten Querstraße warten bereits Schilder auf uns: Zum Krankenhaus, unserem Ausgangspunkt, geht es rechts über die Brücke.

Gastronomie:

Diverse in Blankenstein
Krans im Katzenstein, Am Katzenstein 12, 45527 Hattingen, Telefon 02324/31209
Haus Kemnade, An der Kemnade 10, 45527 Hattingen, Telefon 02324/93310

Die Seherin von Burg Kemnade

An der Wasserburg Kemnade kann man noch heute in den ansässigen Museen sehr viel lernen: Eine Lehre, die das Leben schrieb, findet sich aber auch in der Legende der Burg Kemnade. Diese erzählt von der Seherin und den zwei Geschwistern, die sich entscheiden mussten: „Folge ich den Trieben oder übe ich mich im Lieben?“

Auf Burg Kemnade bei Stiepel lebten vor fünfhundert Jahren der Graf von der Recke und seine Gemahlin. Und wie es so war, wurde den glücklichen Eltern alsbald ein gesunder Knabe geschenkt, den sie Wennemar nannten. Es trug sich zu, dass zur Tauffeier des Kindes einiges an Volk eingeladen wurde, darunter eine alte Frau, die auch als Seherin des Ortes bekannt war. Die Alte trat an die Wiege des kleinen Wennemar, schloss ihre Augen und sagte: „Das Glück ist ein flüchtig Gut.“ Sie blickte vom Kind zu den stolzen Eltern und fuhr fort: „Folget nicht den Trieben, übet euch im Lieben!“ Und mit diesen Worten verließ die weise Alte den Raum, und die Gäste feierten weiter, ohne den Worten der alten Frau große Bedeutung beizumessen.
Nach nur einem Jahr folgte dem Wennemar die kleine Ursula. Wieder wurde ein rauschendes Fest gefeiert, und inmitten der ausgelassenen Feierlichkeit erschien auch dieses Mal die Alte. Sie blickte auf das Kindlein, schloss die Augen, und wieder kamen dieselben Worte aus ihrem Munde: „Das Glück ist ein flüchtig Gut.“ Und nach einer langen Pause: „Folget nicht den Trieben, übet euch im Lieben!“ Doch auch dieses Mal wurden ihre Worte schnell vergessen. Die Kinder wuchsen, und alles schien sich auf Burg Kemnade prächtig zu entwickeln.
Doch irgendwann kam es, wie es kommen musste, die Glückssträhne riss ab: Im Jahre 1589 beschädigte ein Brand die Burg stark. Die adelige Familie richtete sich notdürftig wieder ein – doch das sollte nicht das Ende des Unglücks sein. Neun Jahre später kamen spanische Soldaten und raubten und brandschatzten in Stiepel, und auch die Burg wurde nicht verschont. Erst da fiel den Eltern der Spruch der Alten wieder ein: „Das Glück ist ein flüchtig Gut.“ Und da glaubten sie, dass es keine Vorhersehung war, sondern ein Fluch, den die Alte über sie gesprochen hatte.

Trotzdem: Wennemar wurde ein stattlicher junger Mann, der seinen Eltern viel Freude machte und einiges an Gold und Silber verdiente. Die Tochter Ursula allerdings bereitete ihnen Kummer. Sie war zu freimütig und ungestüm. Und so wurde sie ins Kloster geschickt, um auf den richtigen Weg zu kommen. Doch das edle Fräulein wollte nichts wissen vom abgeschiedenen und frommen Klosterleben und riss alsbald von dort aus, um sich von einem fahrenden Händler in seinem Pferdewagen mitnehmen zu lassen. Sie verliebte sich in den sanften Mann und fand in ihm endlich die Liebe und Zuwendung, die ihr bei den Eltern verwehrt geblieben war. Von denen wurde sie daraufhin enterbt und verstoßen. Doch alles Drohen half nichts: Die junge Ursula blieb bei ihrem Auserwählten und lebte mit ihm ein einfaches, aber glückliches Leben.
Die Eltern jedoch starben aus Gram über die Schande, die Ursula über die Familie gebracht hatte. Und so blieb Wennemar allein zurück – mit Hass im Herzen gegen seine Schwester. Den Rat der Seherin „Übet euch im Lieben“ konnte er nicht leben.
Als Ursulas Ehemann frühzeitig verstarb und sie mit sieben Kindern zurückblieb, fuhr sie zur Burg Kemnade, um ihren Bruder zu besuchen. Doch alles Bitten und Betteln nützte nichts. Er lehnte es ab, sie zu unterstützen. Selbst als der Bochumer Drosten, der als Beamter damals seinen Sitz in Herne auf dem Wasserschloss Strünkede hatte, Wennemar aufforderte, seine Schwester aufzunehmen, verweigerte er auf lieblose Art seine Hilfe. Daraufhin ließ der Bochumer Amtsrichter zwei Höfe in Stiepel besetzen, um für die Witwe einen Unterhalt zu erwirken. Doch Wennemar schaltete die Beamten des höchsten Kammergerichts ein, die dieses Bestreben verhinderten.
Ursula, die als Einzige in der Familie zu lieben wusste, fand schon bald einen Mann, der sie zur Gemahlin nahm und ihr und den Kindern ein sicheres Heim gab. Doch ihr Bruder, der edle Wennemar, er konnte nicht lieben, und so blieb er allein und starb ohne Erben und mit ihm das Geschlecht derer von der Recke. Einzig Ursula, die sich an die Weisheit der Alten gehalten hatte, die Liebe über die Triebe zu stellen und das Glück als flüchtiges Gut anzuerkennen, lebte weiterhin ein glückliches und zufriedenes Leben im Kreis ihrer vielen Kinder und ihres zweiten Mannes. Und wenn sie nicht gestorben sind …

Tour 5

Startpunkt

Zwischenziele

Zielpunkt

Haltestelle

Parkplatz

Sehenswürdigkeit

Gastronomie

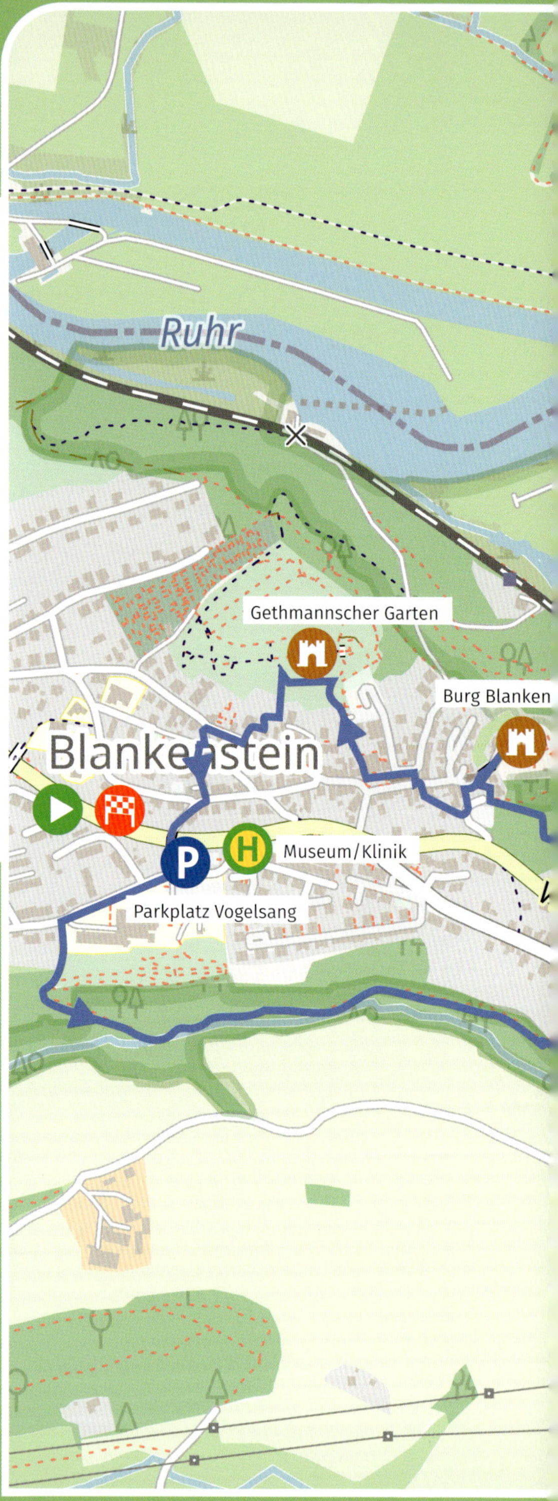

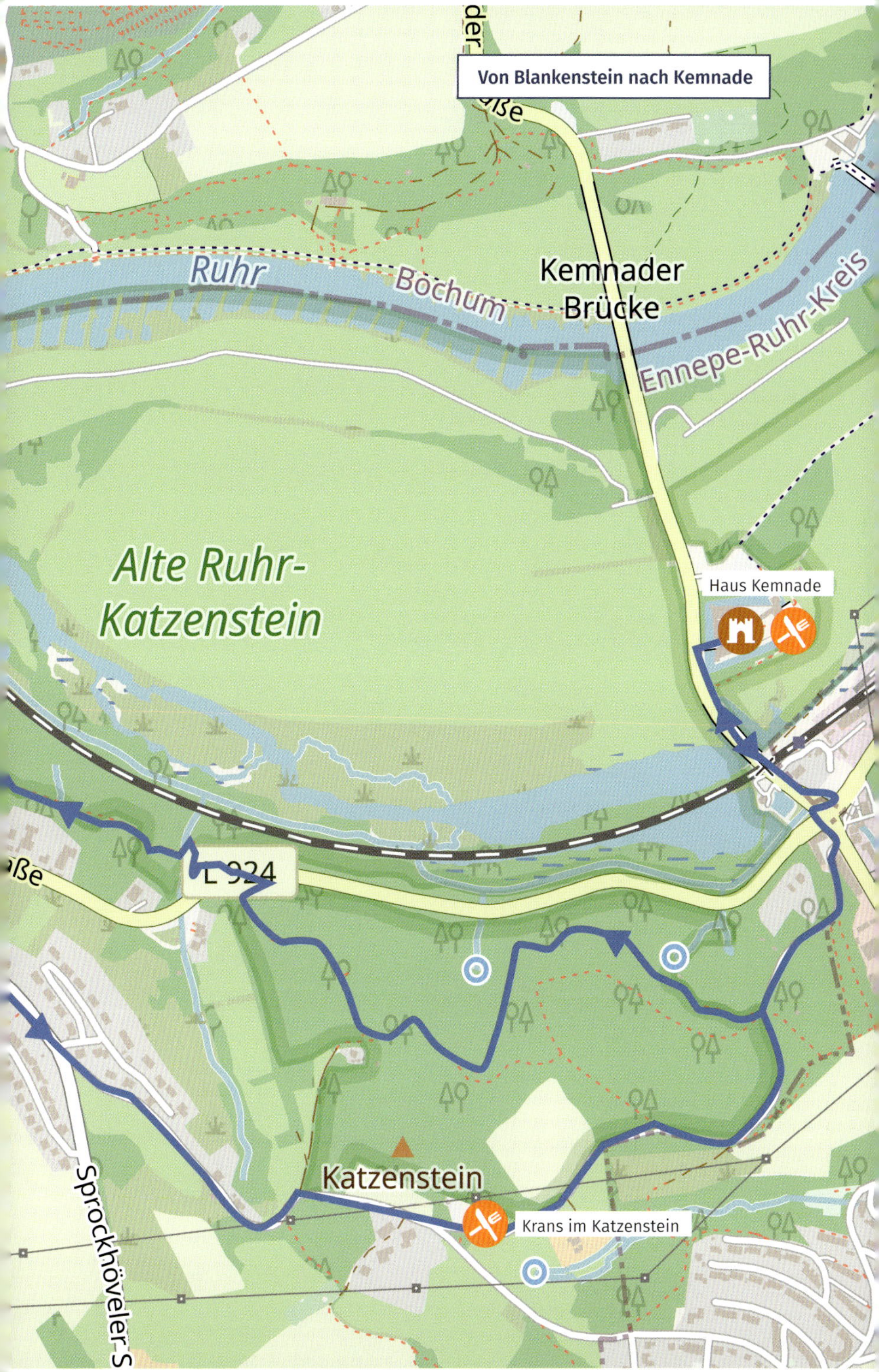

Von Blankenstein nach Kemnade
Ruhr
Bochum
Kemnader
Brücke
Ennepe-Ruhr-Kreis
Alte Ruhr-
Katzenstein
Haus Kemnade
L 924
Katzenstein
Krans im Katzenstein
Sprockhöveler S

Die Nixe und die Gottesmutter

Marienwallfahrtsort und historischer Friedhof in Stiepel

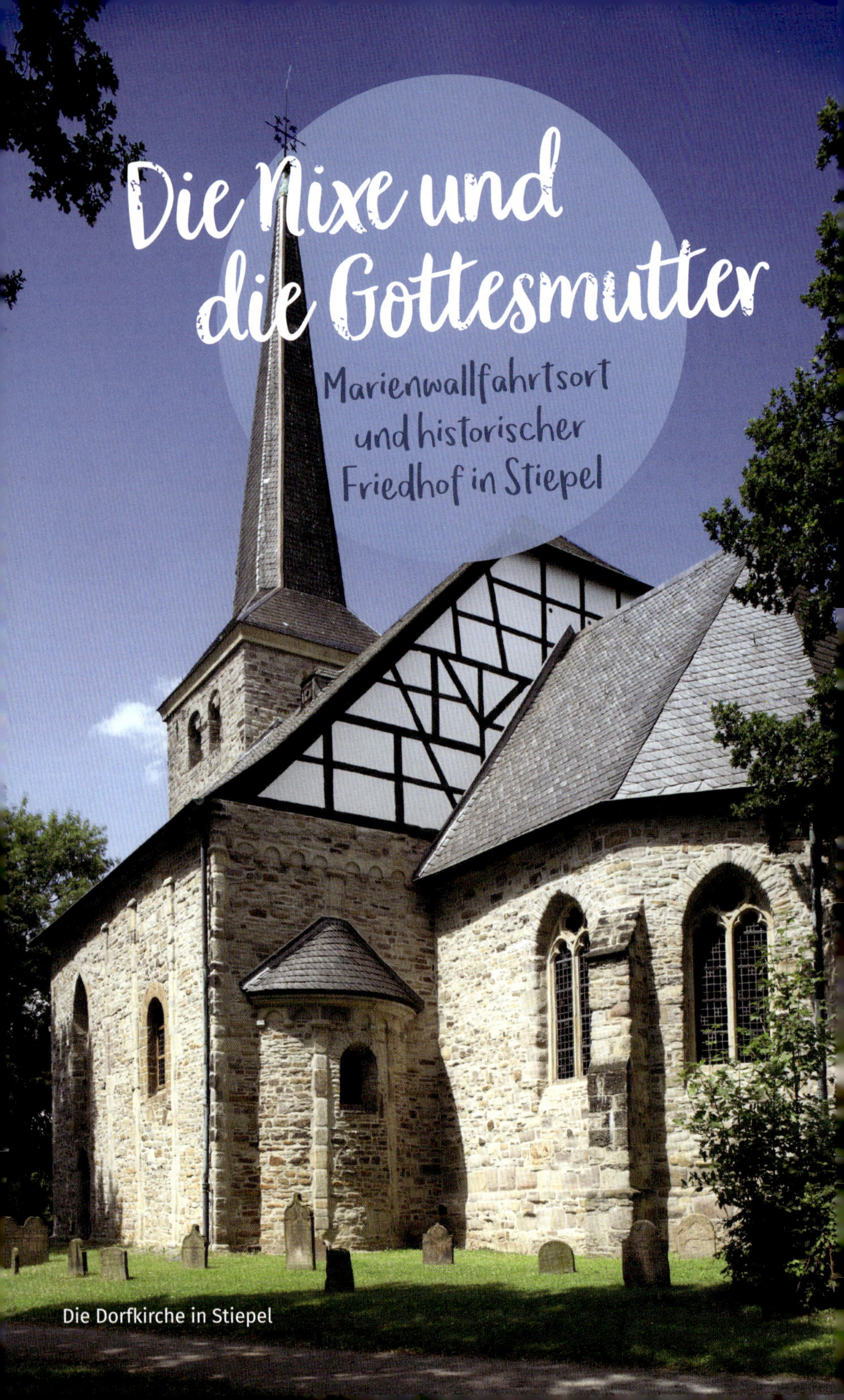

Die Dorfkirche in Stiepel

Rund um Stiepel spielen viele Legenden und Märchen, deshalb erzählen wir hier gleich zwei Geschichten. Der Friedhof an der Stiepeler Dorfkirche gehört zu den ältesten der Region. Er liegt heute nicht weit von dem sehr schönen Flussabschnitt zwischen Haus Kemnade und der Koster Brücke – allerdings floss früher der Fluss noch näher an der Kirche vorbei. Und davon handeln auch die beiden Geschichten: Die über die Madonna, die in die Fluten geworfen wurde, verbindet die Dorfkirche mit dem Kloster auf dem Berg, denn dort hat sie eine neue Heimat gefunden. Und die Geschichte von der Ruhrnixe, die ihren Liebsten beklagte.
Unsere Runde führt uns bis hinauf zur Bochumer Sternwarte: Es wird gesagt, dass sich hier schon vor der Eroberung durch die Franken germanische Kultstätten befunden haben sollen. Wer weiß: Vielleicht ist das neue Observatorium auf einem alten Platz von Sternkundigen errichtet.

Tour 6

2:30 Std. | 13 km | 242 Meter

Start/Ziel: Am Varenholt, 44797 Bochum-Stiepel
Wegbeschaffenheit: überwiegend Wald- und Feldwege, grobes Steinpflaster, Asphalt
Anreise mit ÖPNV: Haltestelle Haarstraße

Wegbeschreibung: Unsere Wanderung beginnen wir an der Wallfahrtskirche. Gegenüber dem Haupteingang befindet sich ein großer Platz mit einem Altar. An diesem links vorbei betreten wir den Kreuzweg. Wir bleiben zunächst auf dem gepflasterten Weg und nehmen an der Gabelung die mittlere Variante. Über einige Stufen und dann in einer scharfen Rechtskurve bergab wandern wir durch dichten Wald. Zwischen den Stationen 7 und 8 verlassen wir den Kreuzweg und folgen dem Bach weiter talwärts.
Über einen schmaler und bei Nässe rutschiger werdenden Pfad erreichen wir ein Haus, an dem nach links ein kleiner Pfad abzweigt, der uns bis zu einer Straße führt. Hier biegen wir nach links ab, und an

Am Weg

Kloster Stiepel

Das Gnadenbild der Schmerzhaften Mutter von Stiepel, das in der Kirche des Zisterzienserklosters auf dem Berg verehrt wird, stammt aus der Mitte des 15. Jahrhunderts und stand früher in der Dorfkirche. Nach der Reformation blieb es zwar noch eine Weile in der nun evangelischen Kirche, fand aber schließlich 1920 eine neue Heimat in der erst wenige Jahre alten neuen Kirche. Die Klosteranlage ist übrigens noch einmal deutlich jünger: Sie wurde erst ab 1988 erbaut, um auf Wunsch des Stifters, des ersten Esseners Bischofs Franz Kardinal Hengsbach, am einzigen Marienwallfahrtsort des Bistums die benediktinische Mönchstradition wiederzubeleben, die vor der Säkularisation auch in der Werdener Reichsabtei beheimatet war.

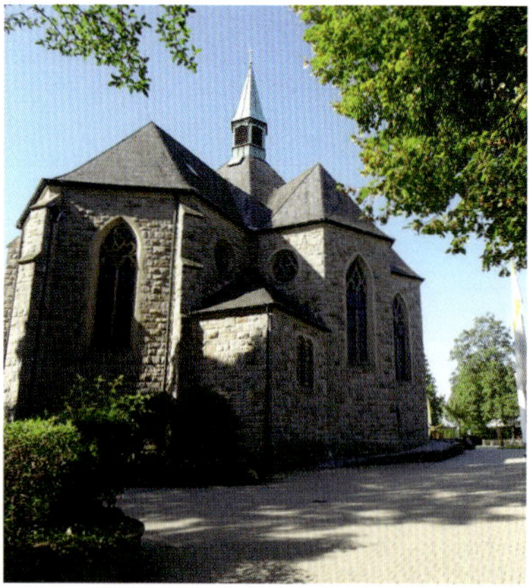

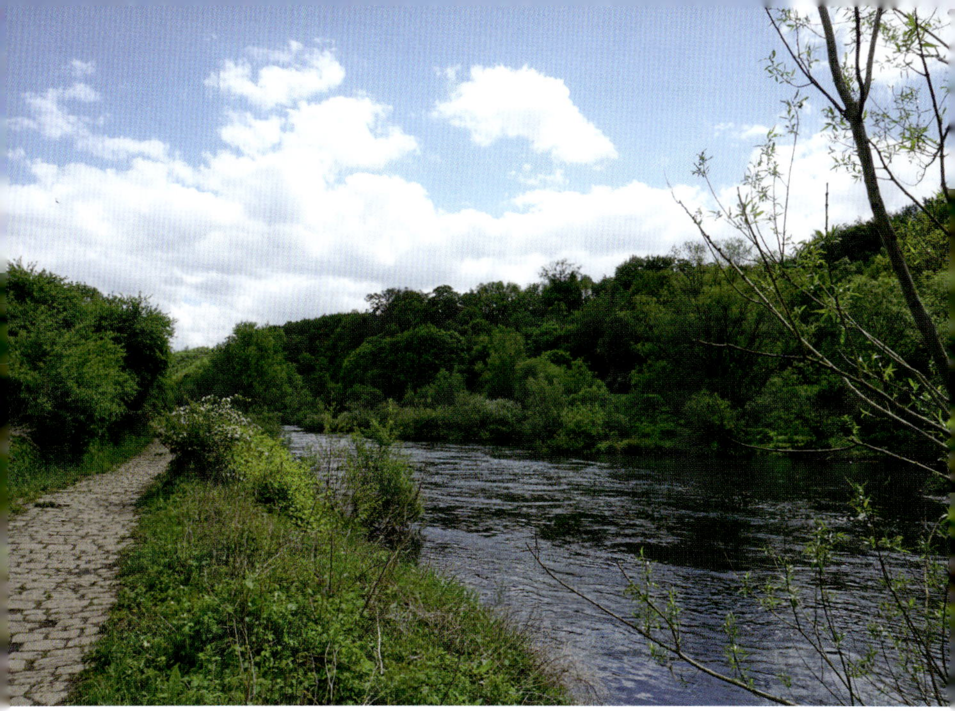

Der historische Leinpfad führt direkt an der Ruhr entlang.

der Blankensteiner Straße wenden wir uns nach rechts auf den Bochumer Bergbauweg.

An der nächsten Abzweigung aufgepasst: Hier kann man rechts der Straße auf dem Wanderweg geradeaus weitergehen. Mit diesem überqueren wir bald die Straße und gehen an ihrer anderen Seite vorbei am Malakowturm und der Gaststätte Waldhaus. Direkt dahinter verlassen wir den Bergbauweg, der nach rechts abbiegt, und gehen geradeaus weiter. In einer Rechtskurve geht es bis zu einer Schutzhütte. Dort biegt unsere Route nach links bergauf ab. Dem breiten Weg folgen wir geradeaus, bis wir vor uns einen Kinderspielplatz erblicken. Dort

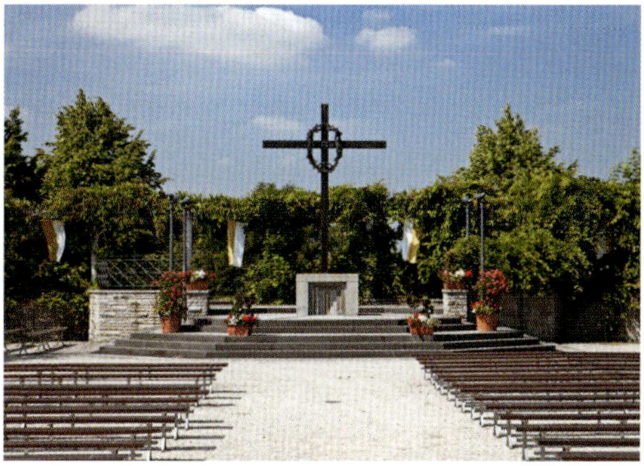

An der Wallfahrtskirche

nehmen wir sofort den Pfad nach links. Immer noch geht es durch das schöne Weitmarer Holz. Dem breitesten Pfad bleiben wir bis zu einem mit einem Kreis markierten Querweg treu, der nach links bis zur Gaststätte „Forsthaus" führt. Noch davor überqueren wir die Straße, und unsere Route führt uns nach links weiter.

Vom „Forsthaus" aus ist unser Weg markiert – und zwar mit der Raute, dem Kreis und dem Essener Pilgerweg. Die Markierungen führen uns bis zu einer kleinen Straße, in die wir nach links abbiegen. Gegenüber dem Radom nehmen wir den Weg nach rechts. Am nächsten Querweg weist ein Schild Richtung Ruhrtal nach links und ihm folgen wir. Schon bei nächster Gelegenheit nehmen wir den Pfad nach rechts, erreichen links eine Bank. Dieser gegenüber in der Senke befand sich früher eine große Freilichtbühne, von der nichts mehr zu erkennen ist.

Gemächlich abfallend führen die Raute und der Pilgerweg nun durch den Wald hinunter zur Ruhr. Dort biegen wir zunächst nach links und dann in die Blankensteiner Straße rechts ab. Unter der Koster Brücke nehmen wir den Weg nach rechts Richtung Ruhr. Auf dem historischen Leinpfad wandern wir dem Fluss entgegen.

Nach der Schleuse erscheinen Burg Blankenstein rechts und die Stiepeler Dorfkirche links des Flusses im Blickfeld. An der „Alten Fähre" verlassen wir die Ruhr nach links. Doch schon gegenüber dem Lokal steigen wir die Stufen rechts hinauf und gehen an einem alten Steinbruch vorbei. An einer weiteren sehr steilen und durch ein Geländer geschützten Abbruchkante erreichen wir den höchsten Punkt des Weges. Hier zweigt scharf links ein schmaler Pfad ab und führt aufs Feld. Dahinter schwenken wir nach links in das Sträßchen ein, und noch

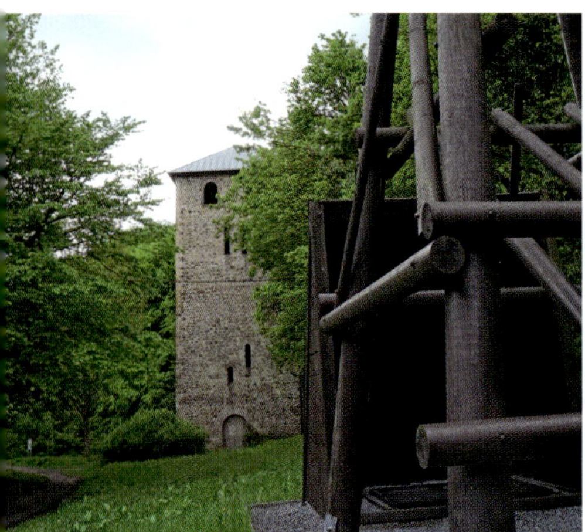

Der Malakowturm der Zeche Haunert

Am Weg

Die romanische Dorfkirche Stiepel

Sie ist rund 1.000 Jahre alt und einzigartig schön: Die romanische Kirche mit den Fachwerkelementen und dem Friedhof, auf dem die ältesten Grabsteine aus dem frühen 17. Jahrhundert stammen. Innen konnten in der Mitte des vergangenen Jahrhunderts Fresken freigelegt werden, von denen die ältesten aus dem 13. Jahrhundert stammen und nach der Reformation – die Kirche ist evangelisch – übermalt worden waren. Über die Marienstatue, die vor der Reformation hier verehrt wurde, ranken sich einige Geschichten, zum Beispiel die, dass sie mehrmals in die Ruhr geworden wurde – und mehrmals wieder da stand, als wäre nichts gewesen. Schließlich gewährten die Mönche des nahen Zisterzienserklosters der Madonna Zuflucht. Und dort wird sie bis heute verehrt.

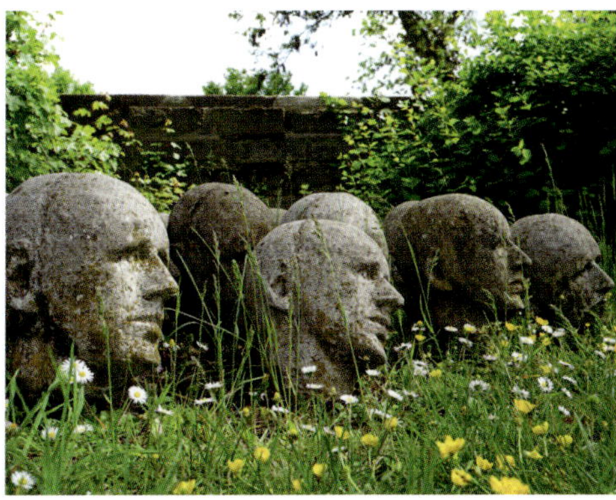

Kunst auf dem Friedhof von Stiepel

vor dem ersten Haus auf der linken Seite nehmen wir direkt hinter einem Halteverbotsschild den schmalen Pfad nach rechts. Im Tal wenden wir uns nur kurz nach rechts, bevor wir links bergauf über den Friedhof die Stiepeler Dorfkirche erreichen.

Nach dem Besuch der Kirche wenden wir uns hinter dem Torbogen nach rechts. Hinter dem Parkplatz überqueren wir die Straße, gehen kurz links und dann rechts auf den Waldweg, der uns geradeaus wieder zur Gräfin-Imma-Straße führt. Diese verlassen wir am Reiterhof nach links. In der Rechtskurve nehmen wir den Fußweg geradeaus, der uns nach einer Gabelung nach rechts über eine Wiese und bald an eine Kreuzung führt. Dort biegen wir auf dem asphaltierten Weg nach links ab.

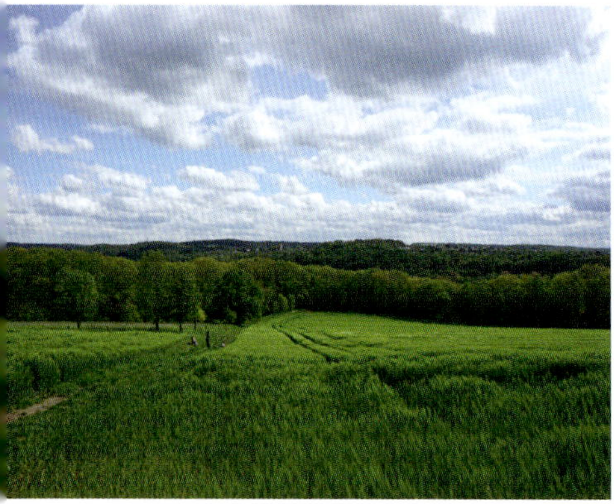

Oberhalb von Stiepel

Noch vor dem nächsten Haus führt uns nun wieder ein mit einem Kreis markierter Weg nach rechts. Noch einmal nach rechts leitet der Kreis an ein Feld, und wir haben schöne Sicht auf Blankenstein. Wieder im Wald bleiben wir an der Gabelung auf dem Weg mit dem Kreis rechts. Unsere Route überquert eine kleine Straße und führt gegenüber über ein paar Stufen weiter.
Auf dem Kopfsteinpflaster schwenken wir kurz nach links und lassen uns vom Kreis sofort nach rechts leiten. Noch einmal rechts überqueren wir wieder eine gepflasterte Straße. Auf dem Asphalt wenden wir uns schließlich nach rechts. Über den Kamm des Henkenbergs wandern wir mit immer wieder fantastischer Aussicht nach Süden, bis wir in die Flaßkuhlstraße nach links abbiegen.
Nachdem wir nach links in die Kemnader Straße abgebogen sind, müssen wir nur noch die große Kreuzung überqueren und dann den Weg nach links wählen, um zurück zur Wallfahrtskirche zu gelangen.

Gastronomie:

Klosterhof, Am Varenholt 17, 44797 Bochum,
Telefon 0234/795553, www.klosterhof-stiepel.de
Waldhaus, Am Bliestollen 44, 44797 Bochum,
Telefon 0234/475352, www.waldhaus-bochum.de
Forsthaus, Blankensteiner Straße 147, 44797 Bochum,
Telefon 0234/3694888, www.forsthaus-bochum.de
Borgböhmers Waldesruh, Papenloh 8, 44797 Bochum,
Telefon 0234/470800
Andrés alte Fähre, An der alten Fähre 4, 44797 Bochum,
Telefon 0234/70898557, www.andresfaehre.de

Am Weg

Sternwarte Bochum

Der Raumfahrt-Pionier Heinz Kaminski (1921–2002) machte die Sternwarte Bochum seit 1946 über die Jahre zu einer international anerkannten Einrichtung der Weltraumforschung. 1967 nahm das Radom, eine 40 Meter hohe Tragluftkuppel über einer Parabolantenne, die Arbeit als Experimentalantenne zum Empfang von Satelliten und Raumsonden auf. Den ersten umfassenden Einsatz erhielt die Anlage zwischen 1968 bis 1971 bei den Apollo-Missionen der Amerikaner, also auch bei der Mondlandung von Apollo 11 am 20. Juli 1969. Bis heute ist Bochum ein wichtiger Standort der Weltraumforschung: Die Anlage wird ständig den aktuellen technischen internationalen Standards angepasst und ist immer noch in verschiedene internationale Raumfahrtprojekte eingebunden.

Das Bildungswerk des Instituts für Umwelt- und Zukunftsforschung bietet neben wechselnden Ausstellungen auch zahlreiche Fachvorträge an.

Öffnungszeiten Ausstellung: dienstags bis donnerstags von 11 bis 16 Uhr, freitags von 11 bis 14 Uhr, sonntags von 11 bis 17 Uhr (April bis Oktober) bzw. bis 16 Uhr (November bis März). Montags geschlossen.

Sternwarte Bochum, Obernbaakstraße 6, 44797 Bochum,
Telefon 0234/57989-0, www.sternwarte-bochum.de

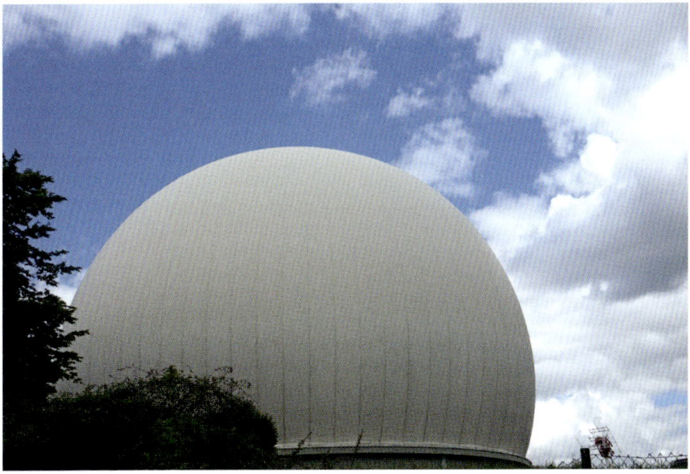

Die Ruhrnixe

Auf dem Friedhof von Stiepel rund um die alte Dorfkirche war mir, als gäbe es eine Geschichte zu erzählen. Und so schaute ich mich um und entdeckte einen Grabstein, den das Bildnis einer Wassergöttin ziert. Was macht eine Nixe auf einem christlichen Grab, fragte ich mich, und da entspann sich in meinem Kopf und meinem Herzen eine Geschichte. Diese möchte ich euch erzählen:

Seit vielen Jahren schon hörte man auf dem Friedhof in Stiepel zu jedem Vollmond ein fürchterliches Weinen und Klagen. Und als die Menschen deshalb immer ängstlicher wurden, rief der Pastor aufgebracht: „Das Heulen und Wimmern muss aufhören!" Und so versammelten sich die Dorfbewohner in einer Nacht, in der der Mond wieder rund und strahlend vom Himmel leuchtete, auf dem Friedhof und warteten. Die Turmuhr schlug Mitternacht, und schon beim ersten Schlag erhob sich ein mächtiges Heulen über dem Ruheplatz der Toten.

Die Dorfbewohner erstarrten, und steif vor Angst bewegte sich niemand mehr. Nur Anni, die kleine Tochter des Bäckers, hatte keine Angst und löste ihre Hand aus der der Mutter und ging ganz langsam über den Friedhof. Das Heulen und Jammern wollte nicht aufhören, und so ging Anni mutig zu einem Grab, das ihr immer schon das liebste aller Gräber gewesen war. Das Bild einer Nixe lachte vom Grabstein herab, in einer Hand hielt sie einen Fisch, und ihr Kleid war wie aus Wellen gemacht. Das Mädchen blieb vor diesem Grab stehen, während alle anderen Dorfbewohner wie erstarrt standen und sich nicht rührten.

Das Mädchen erhob seine helle, klare Stimme und rief zum Mond: „Was hast du? Warum weinst du so sehr? Wie kann ich dir helfen?" Und da war es, als falle ein Strahl des Mondes direkt vor Annis Füße, und eine junge Frau erschien in einem hellblau fließenden Gewand, das sich wie die Wellen des Flusses um sie schmiegte. In ihren Augen standen Tränen, und ihr Haar war grün wie die Algen aus einem tiefen See.

Anni nahm allen Mut zusammen und trat auf die junge Frau zu: „Wer bist du? Und warum weinst du so bitterlich?" Die Nixe blickte auf das

Mädchen und schaute dann hinunter, dorthin, wo die Ruhr unterhalb der Dorfkirche vorbeifloss. Ein tiefer Seufzer kam aus ihrem Mund, und dann erzählte sie dem Mädchen ihre Geschichte: Vor langer Zeit habe sie sich in einen Fischer verliebt. Immer wenn sie vom Rhein in die Ruhr geschwommen war, dann kam sie an die Stelle zwischen der Burg Blankenstein und dem Dorf Stiepel und wartete auf den jungen Mann, der dort in den Morgenstunden seine Netze ausbrachte. Eines Tages, als sie es nicht mehr aushielt, ließ sie sich von ihm in seinem Netz fangen. Man kann sich sein Erstaunen ausmalen, als er plötzlich neben einem ganzen Haufen von Fischen die wunderschöne Nixe aus der Ruhr fischte.
Ein Blick genügte, und auch er verliebte sich unsterblich in sie. Bald wollten sie heiraten, und die Nixe musste ihrem Vater alles erzählen. Er, der mächtige Herrscher über die großen Flüsse, wollte aber, dass seine Tochter standesgemäß heiratete und das Wasser niemals verlassen sollte.
Die Nixe bettelte, aber nichts half: Der Vater blieb unnachgiebig. Und so bereitete sie heimlich ihre Flucht vor. Doch der Vater ahnte, was sie vorhatte, und verfolgte sie in den Morgenstunden in die Ruhr zu ihrem geliebten Fischer. Und als die Nixe den Fischer endlich küssen und so für immer anstatt ihrer Schwanzflosse menschliche Beine bekommen wollte, da ließ der mächtige Nixer eine große Welle entstehen, und das Boot des Fischers kenterte, und der junge Mann ertrank hilflos in den Fluten der Ruhr. Auch die Nixe konnte ihn nicht mehr retten. Die Kraft des Vaters war zu mächtig. So konnte sie nur zusehen, wie ihr Geliebter vom Fluss verschluckt wurde.
Vergeblich verfolgte sie den leblosen Körper, und als sie erkannte, dass ihr Liebster tot war, legte sie ihn sanft auf die Erde unterhalb der heutigen Dorfkirche. Aufgeschreckt durch das Getöse, machten sich die Dorfbewohner auf zur Ruhr, um zu sehen, was passiert war. Dort fanden sie den jungen Mann auf Gras und Moos gebettet am Ufer liegen. Sie beerdigten ihn auf dem Friedhof neben der Kirche, und seinen Grabstein zierte das Bild einer lachenden Nixe.

Die Nixe beendete ihre Geschichte und Anni verstand nun, warum sie in jeder Vollmondnacht kam, um den Tod ihres Liebsten zu betrauern. Die anderen Dorfbewohner standen immer noch wie vom Donner gerührt, von keinem war Hilfe zu erwarten. Aber da Anni ein schlaues Mädchen war, wusste sie bald, was zu tun war. Sie erzählte der Nixe, dass die Menschen im Durchschnitt nicht älter als 80 Jahre alt werden und dass ihr geliebter Fischer schon lange tot wäre, und auch sie selbst wäre schon vor vielen Hunderten Jahren gestorben, hätte sie sich in einen Menschen verwandelt. Und so sagte Anni zu der Nixe: „Sei froh, dass du ihn nicht geküsst hast, so kannst du immer noch hier sein, um uns zu beschützen. Wir Menschen, die an der Ruhr und auf der Ruhr unterwegs sind und hier leben, wir brauchen dich. Du bist es, die uns beschützen kann. Was täten wir ohne dich? Du musstest zwar deine große Liebe verlieren, aber wir haben durch dich viel Schutz erfahren. Du siehst, wie wichtig du für uns bist!"

Die Nixe schaute das kluge Mädchen an und dachte lange Zeit nach, ganz still und ruhig. Dann hob sie die Hände über den Kopf des Mädchens und sprach: „Du bist sehr weise dafür, dass du noch so jung bist. Ich werde darüber nachdenken und vielleicht wird meine Trauer vergehen. Ich danke dir, sei gesegnet, kleine Anni!"

Danach verschwand die Nixe, und das Mädchen sah, wie ein Mondstrahl aus der Ruhr aufblitzte. Die Dorfbewohner erwachten aus ihrer Starre und regten sich. Anni erzählte ihnen die Geschichte der jungen Flussfrau, und von dieser Nacht an hörte man die Nixe auf dem Friedhof in Stiepel nie mehr heulen und klagen. Und die kleine Anni, die wurde Fischerin, ihre Netze waren immer gefüllt, und nie kam ein Unglück über sie. Und als sie alt war und nicht mehr fischen konnte, erzählte sie Geschichten für die Menschen, die Rat und Trost brauchten. Und an manchen Vollmondnächten kann man auch heute noch eine junge Frau in einem Kleid aus Wellen am Friedhof rund um die Kirche in Stiepel ausmachen. Denn manchmal kommt sie doch noch, um ihren Liebsten zu besuchen, aber das Klagen ist auf immer verklungen.

Die hölzerne Madonna von Stiepel

Schon vor tausend Jahren wurde die Dorfkirche von der Gräfin Imma gestiftet und erbaut. Die Sage erzählt, dass sie sich im Urwald, der damals noch rechts und links der Ruhr gewachsen war, verirrt hatte und nur das Läuten des Glöckleins der kleinen Kapelle die Gräfin sicher nach Hause geleitete. Dort ließ sie zum Dank und zu Ehren der Gottesmutter statt der kleinen Holzkapelle eine Kirche erbauen.

Diese Imma war eine sehr gutherzige Frau. Sie war bekannt für ihre Wohltaten. Nach ihrem Tode soll ihr ganzer Körper zu Staub zerfallen sein, außer ihrer rechten Hand. Diese wurde im Mittelalter als Reliquie in der Abtei in Werden verwahrt, berichtet die Legende. Und so wundert es nicht, dass die von ihr gestiftete Kirche in Stiepel bald zu einem wichtigen Marienwallfahrtsort wurde.

Doch dann kam es, dass sich die Art des Glaubens änderte und die Mutter Maria nicht mehr angebetet werden durfte. Der neue Pfarrer ließ das Ehrenbild in die Ruhr werfen. Doch wie durch ein Wunder verfing sich die heilige Figur in den Ästen bei Hattingen. Ein weiteres Mal versuchten es die Stiepeler. Dieses Mal trieb sie bis Essen-Werden, wo sie einfach im Wasser stehen blieb. Der dortige Pfarrer und die Bewohner fischten sie aus der Ruhr und brachten sie in ihre Abteikirche.

Von diesem Tag an veränderte sich in Werden vieles zum Schlechteren: Einen Bauern traf es besonders hart. Er ging in die Abtei, um die Statue zu holen. Aus Zorn wollte er sie in zwei Teile zerhacken, weil er glaubte, sie sei schuld an seinem Unglück. Aber es gelang ihm nicht. Seine Axt rutschte immer wieder vom Holz ab oder es verließ ihn die Kraft im Arm. Nur kleine Kerben blieben von seinen Versuchen, die hölzerne Madonna zu teilen. Und aus diesen Kerben rannen Blutstropfen. Da erbarmte sich der Bauer und ließ von ihr ab. Auch dem Pfarrer war sie nicht geheuer und so wurde sie schließlich wieder nach Stiepel zurückgebracht und fand in der Marienkirche des Zisterzienserklosters eine sichere Heimat. Dort kann sie auch heute noch besucht werden. Und es wird erzählt, dass wer eine Pechsträhne hat – wie der Bauer in Werden – zum Marienbildnis kommen kann, um sie um Hilfe für Glück und Segen zu bitten.

Tour 6

- Startpunkt
- Zwischenziele
- Zielpunkt
- Haltestelle
- Gastronomie
- Kulturstätte
- Sehenswürdigkeit

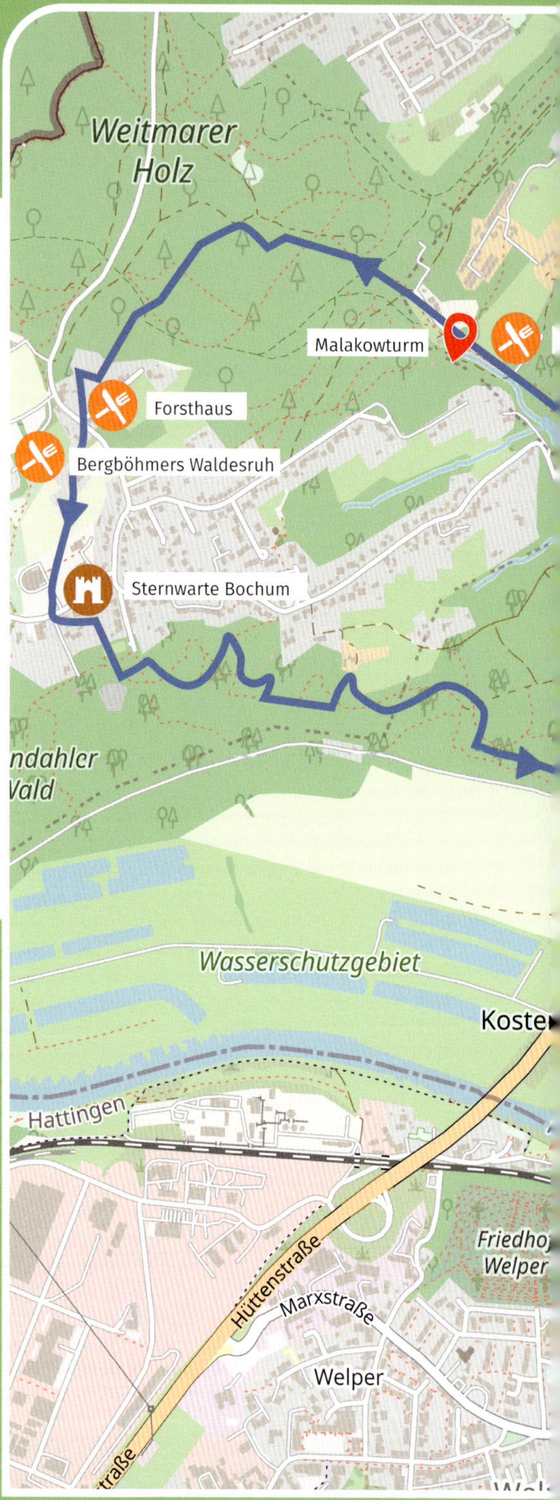

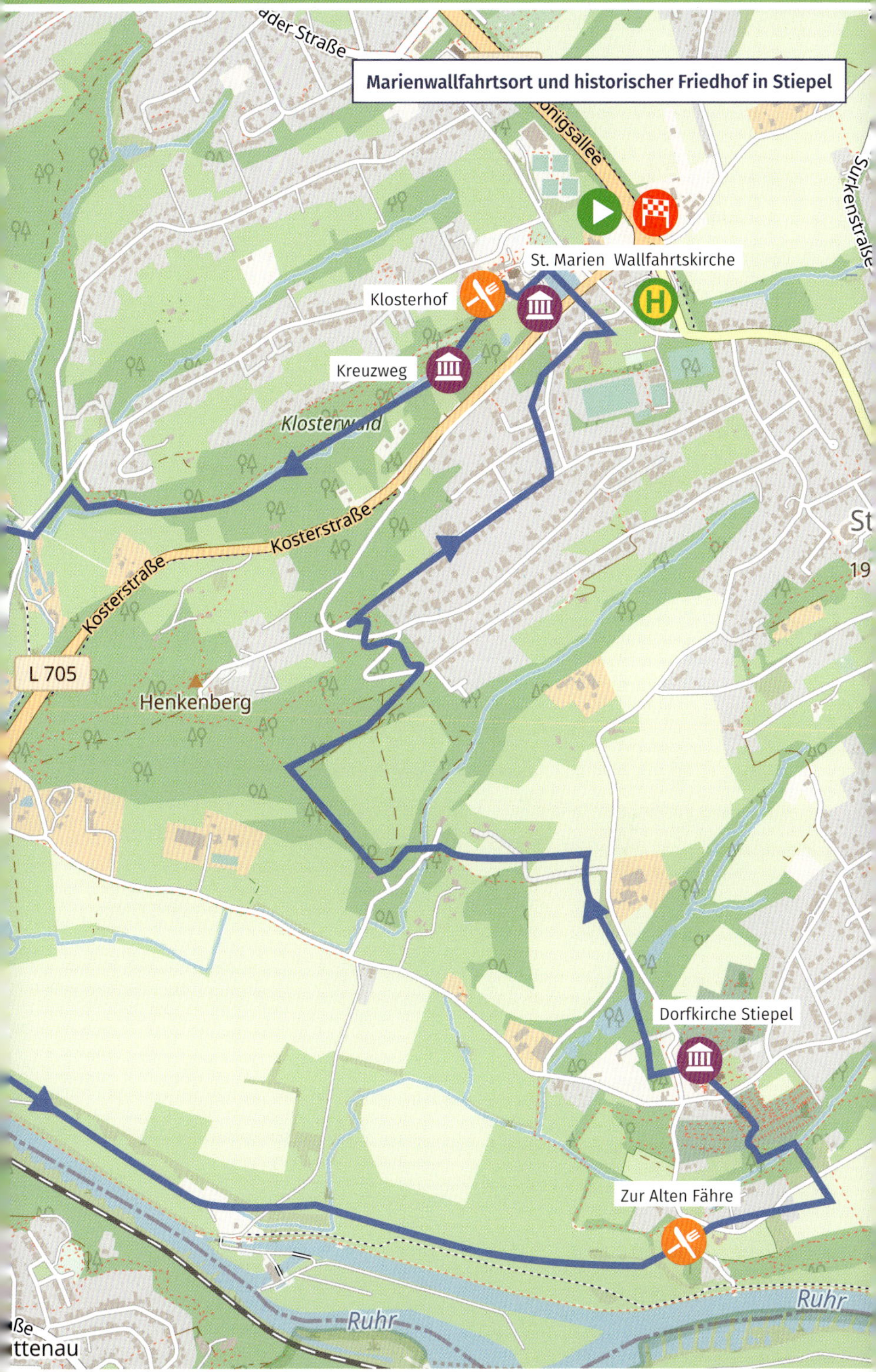

Marienwallfahrtsort und historischer Friedhof in Stiepel
St. Marien Wallfahrtskirche
Klosterhof
Kreuzweg
Klosterwald
Kosterstraße
Kosterstraße
L 705
Henkenberg
Dorfkirche Stiepel
Zur Alten Fähre
Ruhr
Ruhr
Surkenstraße

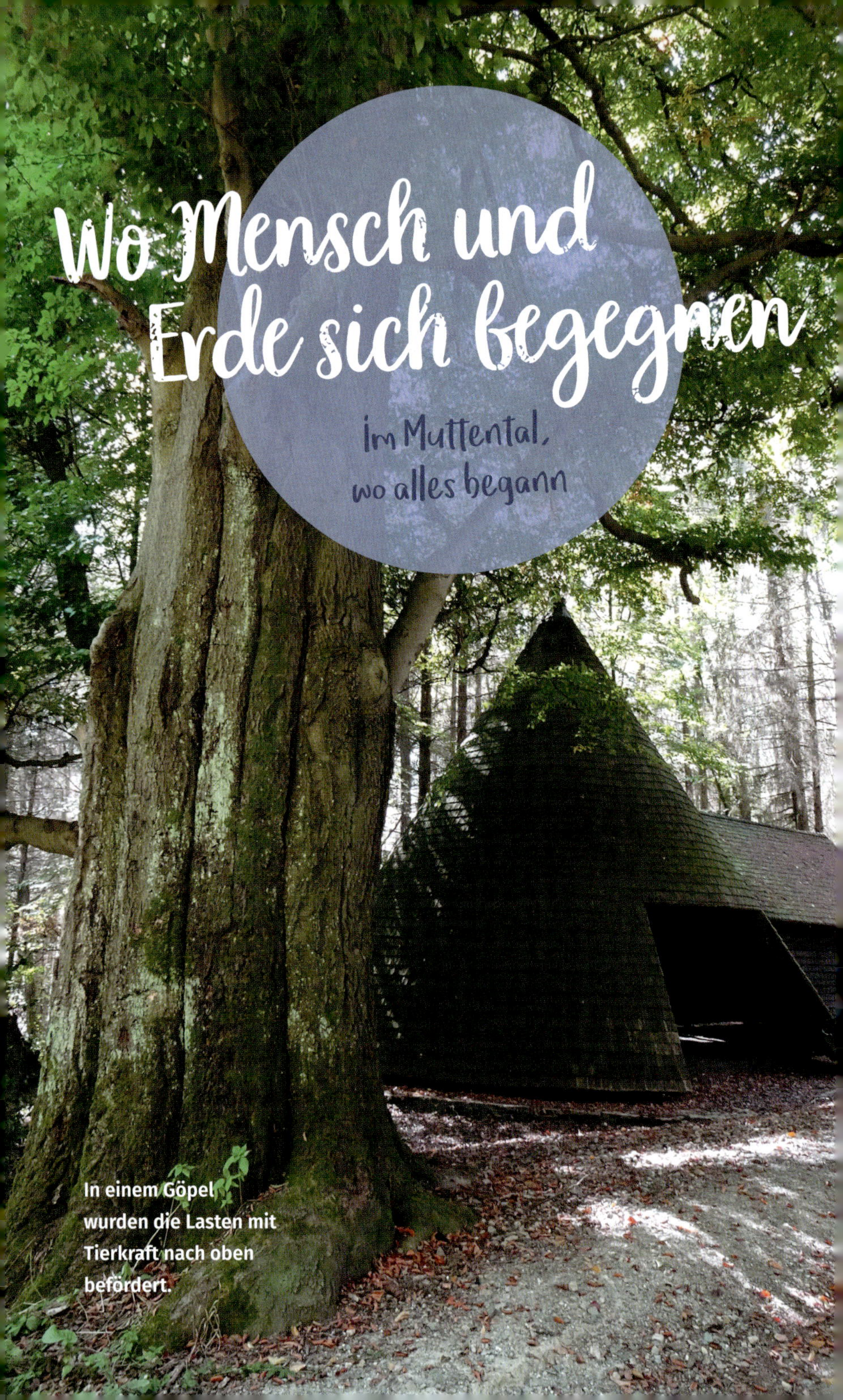

Wo Mensch und Erde sich begegnen

Im Muttental, wo alles begann

In einem Göpel wurden die Lasten mit Tierkraft nach oben befördert.

Wo der Mensch einst damit begann, in den Tiefen der Erde nach Kohle zu graben, musste es ja zu Begegnungen mit den Natur- und Erdwesen kommen. Kein Wunder also, dass bis heute die Geschichte vom Zwergenkönig Goldemar erzählt wird, der lange Zeit ein guter Begleiter des Herrn der Burg Hardenstein war. Wer diese Runde durch das Muttental wandert, erlebt eine Landschaft, die sich die Natur zurückgeholt hat. Trotzdem ist sie durchsetzt von alten Zeugnissen der Bergbaugeschichte – auf einem Lehrpfad gut und anschaulich erklärt und nachzuvollziehen. Es gibt sogar ein kleines kostenloses Museum im Tal. Und die nahe Zeche Nachtigall lädt ebenfalls zum Besuch ein.

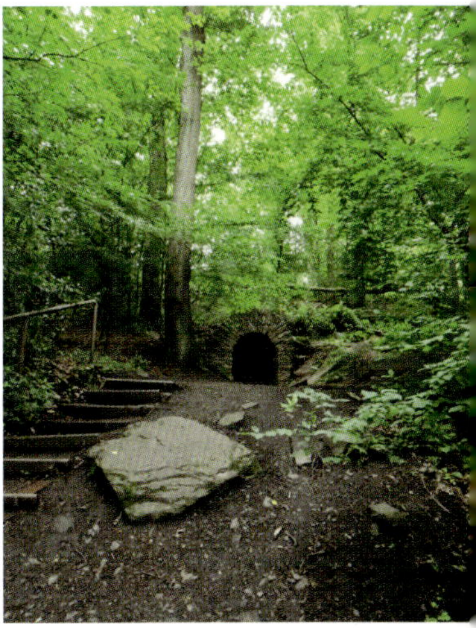

Mundloch des Nachkriegsstollens

Tour 7

2:00 Std. | 7 km | 195 Meter

Start/Ziel: Parkplatz Nachtigallstraße, Witten
Wegbeschaffenheit: überwiegend gute Waldwege, Asphalt
Anreise mit ÖPNV: Haltestelle Witten-Bommern, Ecke Nachtigallstraße/Bodenborn

Wegbeschreibung: Auf der anderen Seite der Nachtigallstraße führt die Straße „Auf Steinhausen" bergan. Hinter dem großen Parkplatz des Schlosses folgen wir der Asphaltstraße Richtung Hof Frielinghaus, doch vorher biegen wir rechts ab, nämlich da, wo sich die kleine Straße zum Hof hin senkt. Der Wanderweg führt uns bis zu einem hier asphaltierten Querweg. Rechts liegt das ehemalige Bethaus der Bergleute.
Unsere Route führt allerdings weiter nach links und passiert das kleine Bergbaumuseum Zechenhaus Herberholz. Wir folgen dem Bachtal, bis wir auf die andere Seite wechseln können. Am Stollen Stettin vorbei gehen wir weiter, uns bereits an den Schildern Richtung Ruine Hardenstein orientierend.

Am Weg

Schloss Steinhausen

Erstmals erwähnt wurde die Burganlage 1297. Bis ins 15. Jahrhundert war sie Sitz der Wittener Adelsfamilie und des Eigengerichts Witten. 1434 wurde die Burg von Dortmunder Soldaten zerstört, der Wiederaufbau und zahlreiche Umbauten ließen einen bunten Stilmix entstehen, in dem sich das Schloss heute zeigt. Zuletzt als Bauherr verantwortlich für die Umgestaltung zu einem romantischen Gut Ende des 19. Jahrhunderts war der Wittener Unternehmer Wilhelm Dünkelberg. Inzwischen beherbergt Schloss Steinhausen eine Eventgastronomie und einen Skulpturengarten.

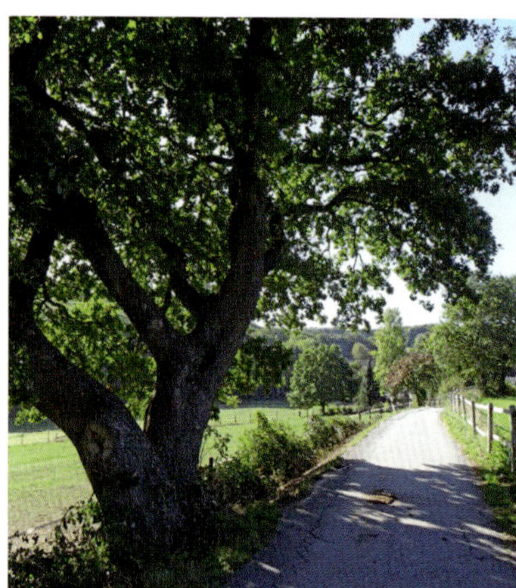

Hinter Schloss Steinhausen

Am Weg

Bethaus der Bergleute

Das Bethaus der Bergleute aus dem Jahre 1830 war einst Gottesdienst- und Versammlungsstätte der Bergleute aus den Zechen des Muttentals. Das denkmalgeschützte Gebäude ist das letzte dieser Art im Ruhrgebiet. Heute hat man hier an bestimmten Tagen die Möglichkeit, unter Anleitung eines erfahrenen Schmiedes selbst ans Werk zu gehen, um nach alter Tradition zu schmieden. Gleich nebenan befindet sich das Zechenhaus Herberholz mit einer zum Teil in einer Außenausstellung frei zugänglichen Sammlung historischer Werkzeuge und Abbildungen. Das Bethaus beherbergt heute eine Gaststätte.

Bethaus der Bergleute, Muttentalstraße 35, 58452 Witten, Telefon 02302/31951

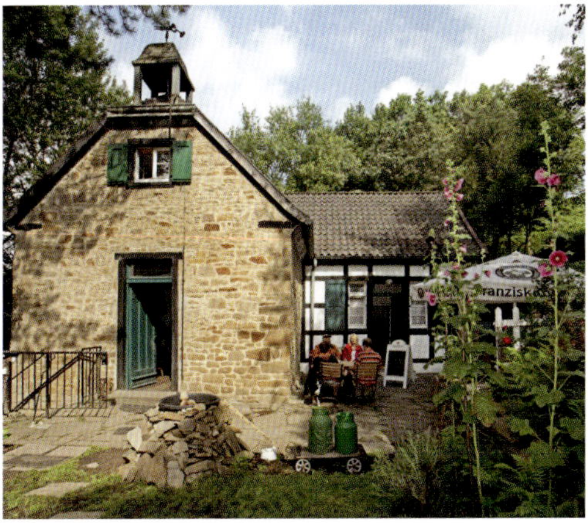

Gastronomie:

Bethaus der Bergleute, Muttentalstraße 35, Witten, Telefon 02302/31951
Museumsgastronomie „Auf Nachtigall“, Nachtigallstraße 35, Witten, Telefon 0173/5460476
Zur alten Tür, Berghauser Straße 14, Witten, Telefon 02302/73523

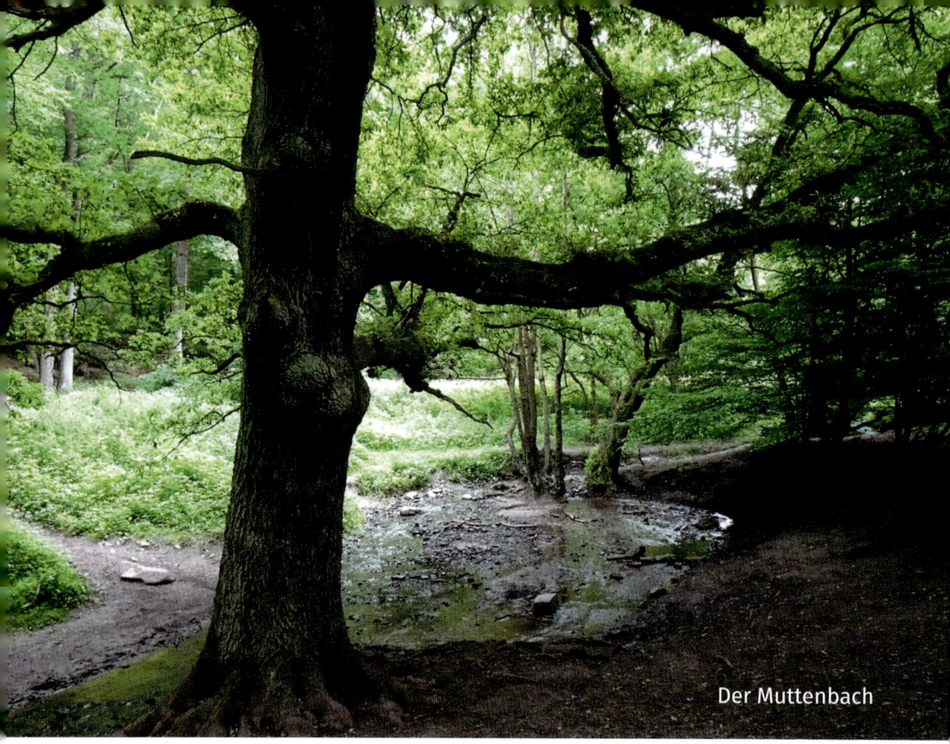

Der Muttenbach

Am Weg

Burgruine Hardenstein

Direkt an der Ruhr gelegen wurde Burg Hardenstein als Wasserburg gebaut, erstmals urkundlich erwähnt wurde sie 1363. Die heute sichtbaren Gebäudeteile sind spätgotisch. Der Verfall des spätmittelalterlichen Baus setzte schon ab dem 16. Jahrhundert ein, als die Burg kaum noch benutzt wurde.

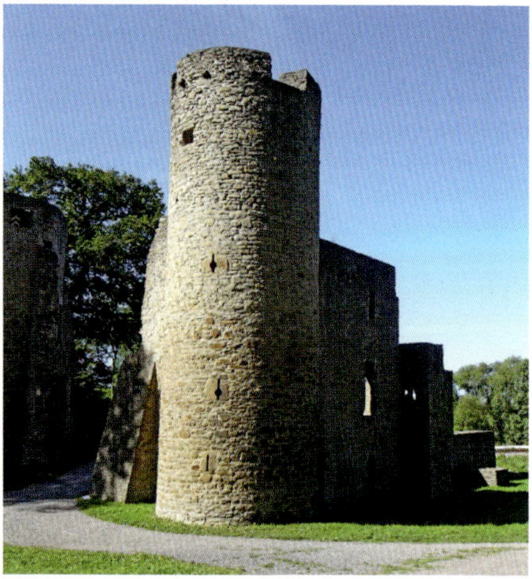

Oben, am Ende des Tals, erreichen wir eine Kreuzung und nehmen den breiten Waldweg nach links. Am Göpel vorbei wandern wir in eine kleine Siedlung, und am Gasthaus „Zur alten Tür“ biegen wir nach rechts ab.

Von der Berghauser Straße nehmen wir die erste Abzweigung nach links. Der Weg führt an zwei Häusern vorbei und dahinter – vor einem Tor – scharf links Richtung Ruine Hardenstein. Diese ist auch an der großen Kreuzung im Tal beschildert: Es geht nach rechts weiter.

Hinter dem Burggelände wandern wir durch das Tor und immer unterhalb der hoch aufragenden Felswände. Auf den kleinen Trampelpfaden lohnt sich ein Abstecher an ihren Fuß – wer weiß, vielleicht zeigt sich ja Goldemars Gesicht im Stein.

„Auf der Marta“ gelangen wir an die Muttentalstraße. Links geht es hier zur Zeche Nachtigall. Unser Rundweg führt aber nach rechts und dann nach links wieder auf die Straße „Auf Steinhausen“. Auf dieser wandern wir zum Ausgangspunkt zurück.

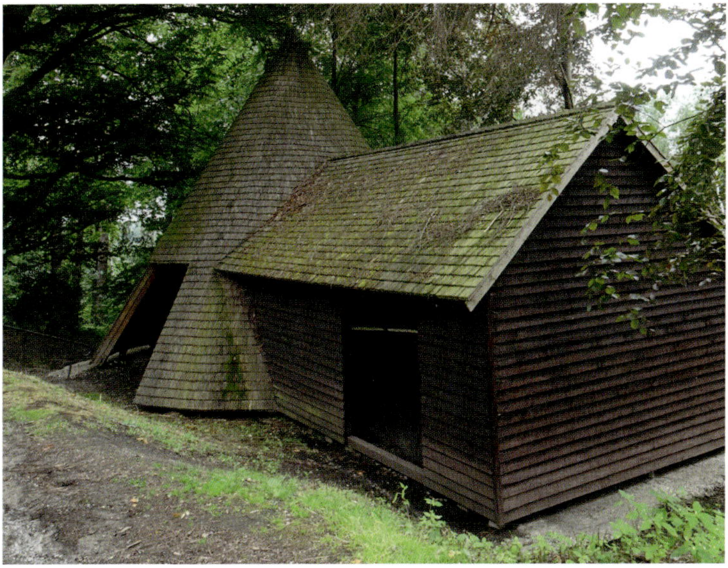

Der rekonstruierte Göpel

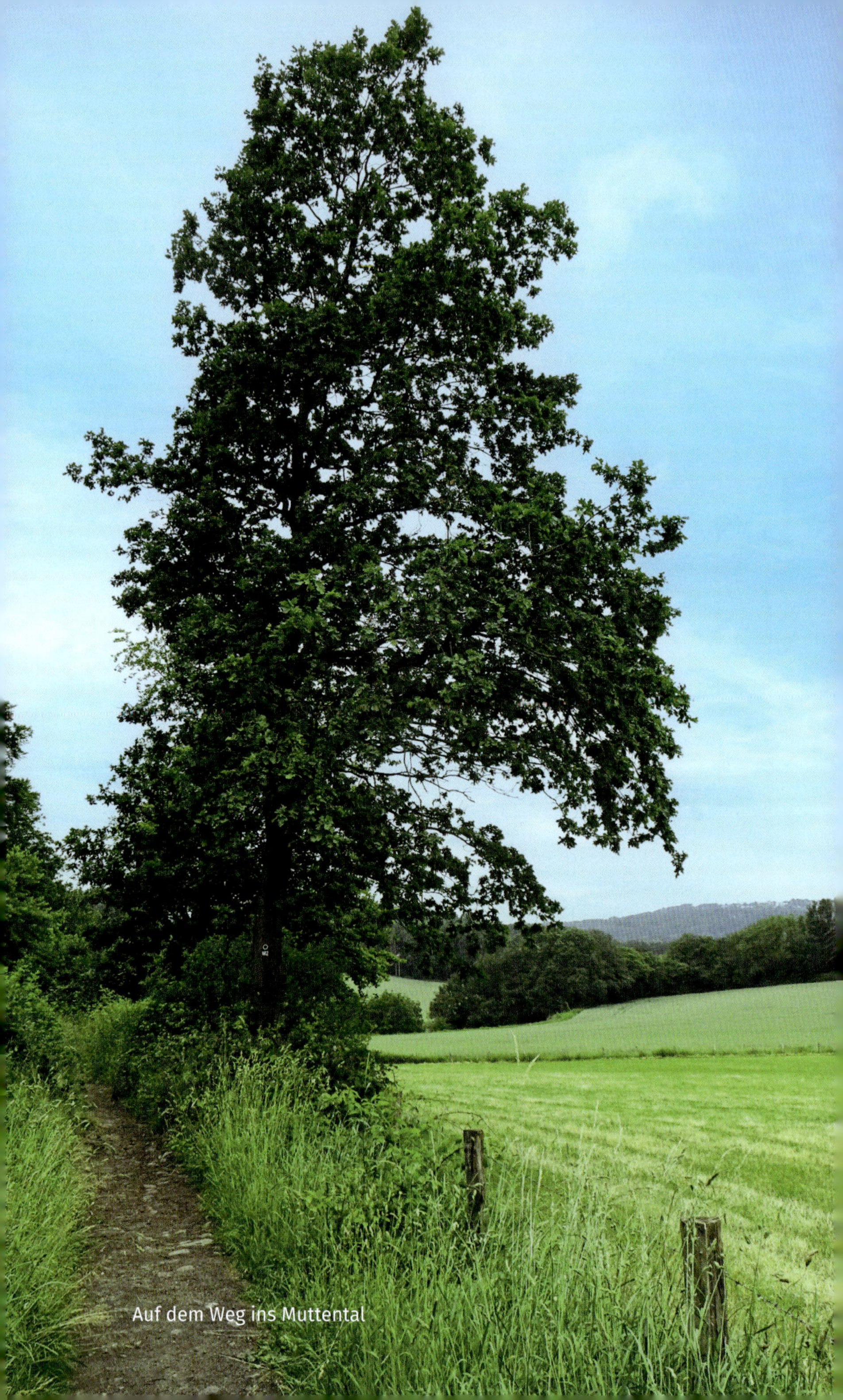
Auf dem Weg ins Muttental

Am Weg

Zeche Nachtigall

Sie ist die älteste Tiefbauzeche südlich der Ruhr: Die Zeche Nachtigall entwickelte sich aus einer Kleinzeche, die 1714 zum ersten Mal erwähnt wurde, der Umbruch vom Stollen in den Tiefbau wurde im frühen 19 Jahrhundert vollzogen. Schon 1892 musste die Zeche ihren Betrieb einstellen, fungierte aber noch eine Weile als Ziegelei, wo Tonschiefer aus dem Steinbruch Dünkelberg verarbeitet wurde. Erhalten und restauriert wurden unter anderem die Waschkaue und der viereckige aus Ziegeln gebaute Wetterschornstein, außerdem das Maschinenhaus, in dem regelmäßig eine der ältesten Dampffördermaschinen des Reviers vorgeführt wird.

Das „LWL-Industriemuseum Zeche Nachtigall“ informiert über Entstehung und Geschichte des Bergbaus im Ruhrgebiet. Besucher können hier auch untertage erleben, was es hieß, Kohle abzubauen, und durch niedrige Stollen bis zu einem Flöz vordringen.

Öffnungszeiten: dienstags bis sonntags und feiertags von 10 bis 18 Uhr

Zeche Nachtigall, Nachtigallstraße 35, 58452 Witten, Telefon 02302/93664-10, www.zeche-nachtigall.lwl.org

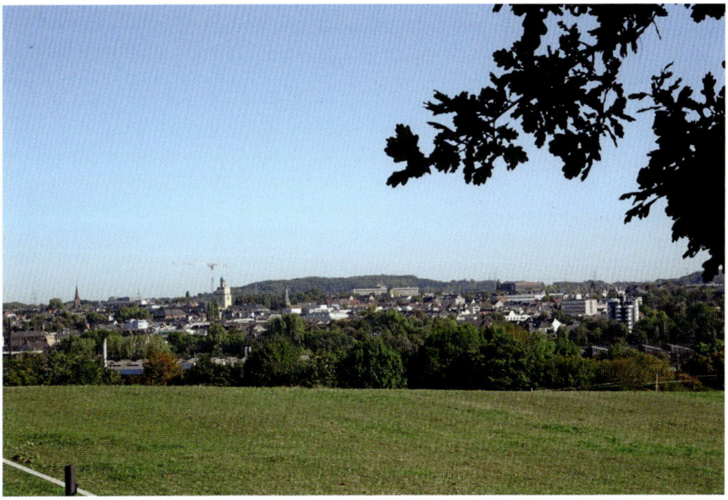

Blick über Witten

Der Zwergenkönig Goldemar auf Burg Hardenstein

Es verwundert nicht, dass gerade im Muttental, wo schon im 16. Jahrhundert Kohle abgebaut wurde, viele Sagen und Legenden von Erdkönigen und Zwergen handeln – von verborgenen Schätzen und Höhlen, die tief hinein in die Erde führen. Nicht nur Gold und Silber, alles, was wir aus der Erde nehmen, ist ein Schatz. Wie wir damit umgehen und wie sich diese Schätze manchmal auch von einem Segen zu einem Fluch umkehren können, davon erzählt die Geschichte vom Zwergenkönig Goldemar auf Schloss Hardenstein.

Zu einer Zeit, als Hardenstein noch als stolze Burg über dem Ufer der Ruhr thronte, in dieser Zeit Kaiser Wenzels lebte dort der ehrenvolle Ritter Neveling. Er war ein leutseliger und freundlicher Gesell und bekannt dafür, gute Feste auszurichten. Mit ihm auf seiner Burg lebte der Erdenkönig Goldemar. Dieser liebte die Geselligkeit und hatte auch nie etwas gegen ein gutes Würfelspiel einzuwenden. Und wenn er ganz guter Dinge war, dann spielte er auf seiner Harfe und sang dazu ein Lied über die Schönheit der Frauen in seinem Erdenreich. Tief war die Freundschaft zwischen Neveling und Goldemar. Sie tranken Wein und labten sich an der reichlich gedeckten Festtafel. Man könnte fast sagen, sie waren wie Brüder.

Und so hätte es auch bleiben können, wäre da nicht dieser verdammt neugierige und freche Küchenbursche Hans gewesen. Dieser war ganz außer sich, weil er den Erdenkönig nie zu Gesichte bekam. Es ärgerte ihn über alle Maßen, dass er immer nur einen kalten Windhauch und manchmal eine kalte Hand zu fassen bekam. Ansonsten konnte man nichts von diesem Goldemar sehen.

Oft sprach Hans seinen Herrn darauf an. Aber Neveling war zufrieden, wie es war, und er wusste, dass sein ganzer Reichtum von Goldemar kam, der auf wundersame Weise seine Schatzkammer immer wieder aufzufüllen wusste. Und so beruhigte er den Küchenjungen und versprach ihm guten Lohn, wenn er sein Ansinnen aufgab, den Zwerg sichtbar zu machen. Denn er wusste, dass Hans einen Hinterhalt plante: Er wollte Erbsen und Asche ausstreuen – auf den Erbsen sollte Goldemar ausrutschen, und in der Asche sollten seine Umrisse sichtbar werden. Da der Junge ein Tunichtgut war, versprach er zwar seinem Herrn abzulassen, aber sein Vorhaben setzte er trotzdem um. An einem strahlenden Morgen bat er den Goldemar zu sich in die Küche, um den Mittagsbraten abzuschmecken, und da schnappte die Falle zu. Der Erdenmann rutschte über die Erbsen und fiel in die Asche vor dem Herd. Der Küchenjunge hielt die Luft an: Tatsächlich, da waren sie, die Umrisse des Goldemar, und in diesem Moment wurde er sichtbar. Der Zwergenkönig schimpfte und wetterte gar fürchterlich. Er drehte sich um die eigene Achse und spuckte auf den Boden. Er hieß den Küchenjungen alles, was ihm gerade einfiel, und rief: „Auf ewig sollst du auf der Suche sein nach deinem Glück und es niemals finden. Und für deinen Herren soll es auf der Burg Hardenstein nie mehr so sein, wie es war!“

Und mit diesem Fluch verschwand Goldemar und ward nie mehr gesehen. Auf der Burg allerdings war die Schatzkammer von diesem Tag an nicht mehr gefüllt, und Ritter Neveling musste wieder auf Raubzüge gehen, um sich sein ausschweifendes Leben zu verdienen. Der Küchenjunge lief den Rest seiner Tage durchs Ruhrgebiet, fand aber nie und nirgends sein Glück und verstarb als alter Mann, nörgelnd und unzufrieden.

Und was passierte mit dem Zwergenkönig? Der kehrte heim in sein Reich unter der Erde und nahm all seine Schätze mit sich. Und wer im Muttental aufmerksam wandert, der kann vielleicht den Eingang zu seiner Höhle finden. Aber Vorsicht! Der Zwerg kettet diejenigen an, die versuchen, sich seinen Schatz zu holen. Aber zu lustigen Würfelspielchen soll er immer noch aufgelegt sein.

Tour 7

- Startpunkt
- Zwischenziele
- Zielpunkt
- Haltestelle
- Parkplatz
- Gastronomie
- Sehenswürdigkeit
- Kulturstätte

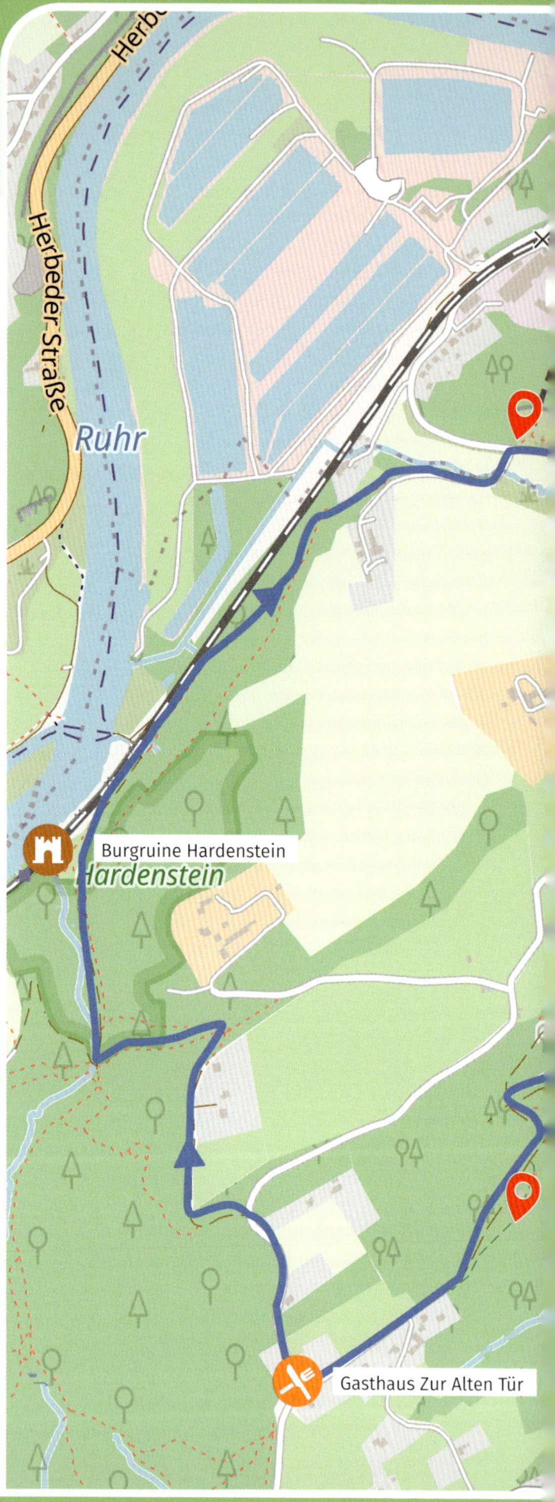

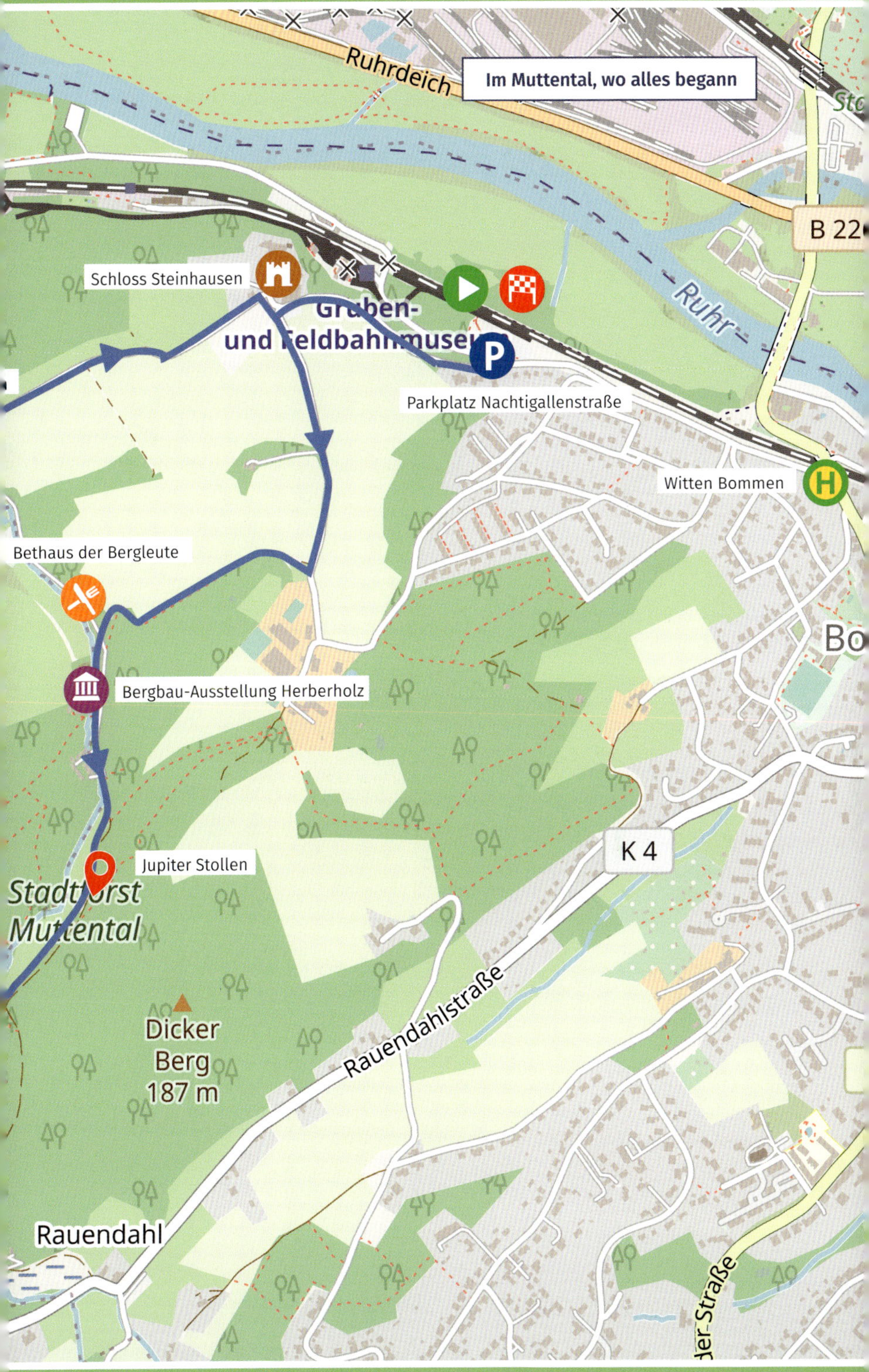

Im Muttental, wo alles begann
Ruhrdeich
Ruhr
B 22
Schloss Steinhausen
Gruben- und Feldbahnmuseum
Parkplatz Nachtigallenstraße
Witten Bommen
Bethaus der Bergleute
Bergbau-Ausstellung Herberholz
Jupiter Stollen
Stadtforst Muttental
Dicker Berg 187 m
K 4
Rauendahlstraße
Rauendahl

Wo Karl der Große die Sachsen besiegte

Kurze Runde um die älteste Kirche Westfalens in Syburg

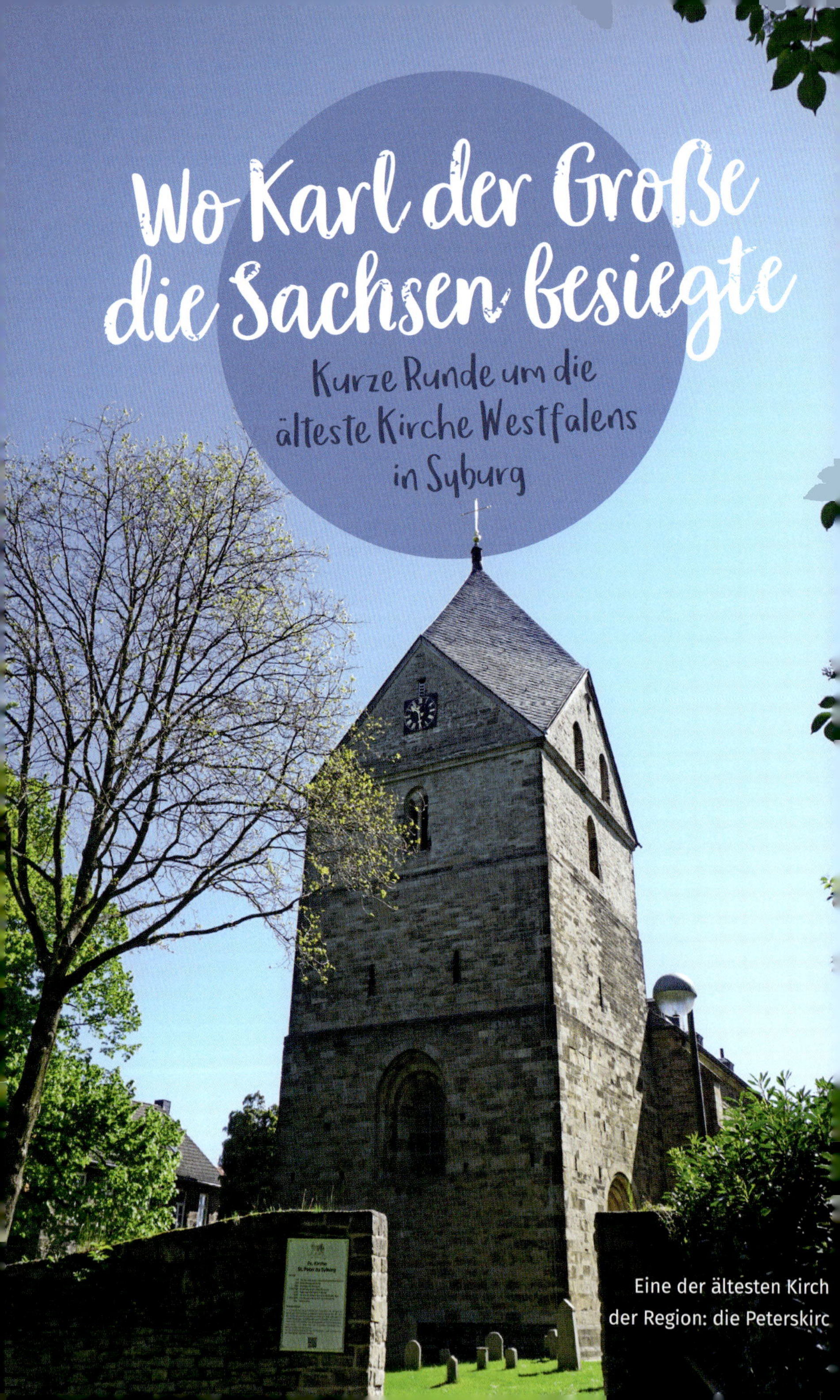

Eine der ältesten Kirch
der Region: die Peterskirc

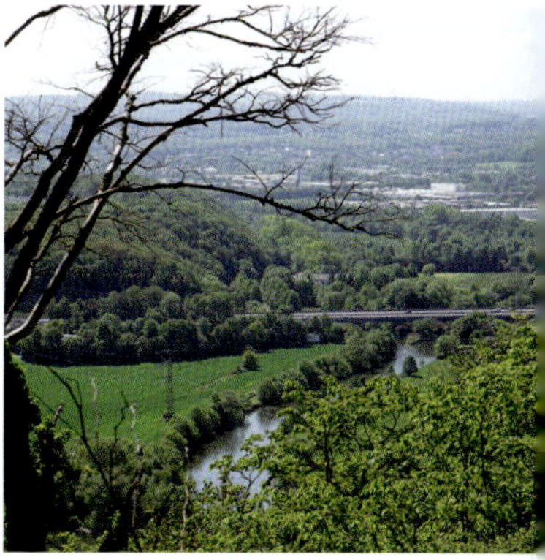

Blick ins Ruhrtal

Wer den Friedhof der Peterskirche betritt, erkennt es sofort: Dieser Ort war und ist über Hunderte von Jahren ein sehr spezieller Kultort. Karl der Große hat hier eine sächsische Wallburg samt Heiligtum erobert und die erste christliche Kirche der Region gebaut. Aber schon lange vor dem Frankenkaiser und lange vor den Sachsen haben hoch über der Ruhr Menschen gesiedelt, eisenzeitliche Siedlungsfunde sprechen dafür. Unsere Wanderung führt uns auch an der mittelalterlichen Burganlage und am Kaiser-Wilhelm-Denkmal vorbei: Geschichte auf engstem Raum. Die Spielzeuge unter dem Vincketurm, der spannende Abstieg zur Ruhr und der Weg am Fluss entlang – es gibt so viel zu entdecken, dass die Runde gar nicht länger sein dürfte!

Tour 8

1:45 Std. | 5,5 km | 159 Meter

Start/Ziel: Hohensyburgstraße, 44265 Dortmund-Syburg
Wegbeschaffenheit: überwiegend Wald- und Feldwege, Asphalt
Anreise mit ÖPNV: Haltestelle Syburg

Wegbeschreibung: Unsere Wanderung beginnt an der Ecke Hohensyburgstraße/Syburger Dorfstraße. Wir folgen den Zeichen des Jakobsweges am Petersbrunnen und dem „Klösterchen“ genannten Fachwerkhaus vorbei, biegen nach rechts in die Syburger Kirchstraße ein und erreichen die Peterskirche und den Friedhof mit den teils fast 1.000 Jahre alten Gräbern.

Am Weg

Peterskirche

Definitiv ist die Syburger Kirche die älteste Dortmunds und diejenige mit dem ältesten Friedhof im ganzen Ruhrgebiet: Die ältesten Gräber stammen aus dem 9. Jahrhundert. Es wird vermutet, dass sich an dem Platz, auf dem die Kirche steht, einst ein vorchristliches Heiligtum befand. Karl der Große ließ demnach nicht nur die nahe Syburg erobern, sondern auch das sächsische Heiligtum fällen, um hier zum Zeichen seiner Macht und des Sieges des Christentums über das Heidentum eine Kirche zu errichten. Dies belegen Urkunden aus dem Jahr 776. Die Kirche wurde mehrmals zerstört und wieder aufgebaut, zuletzt nach dem Zweiten Weltkrieg. Seit der Reformation ist die Kirche, die vorher – nicht zuletzt wegen des als Heilquelle verehrten Petersbrunnens – auch Wallfahrtskirche war, evangelisch.

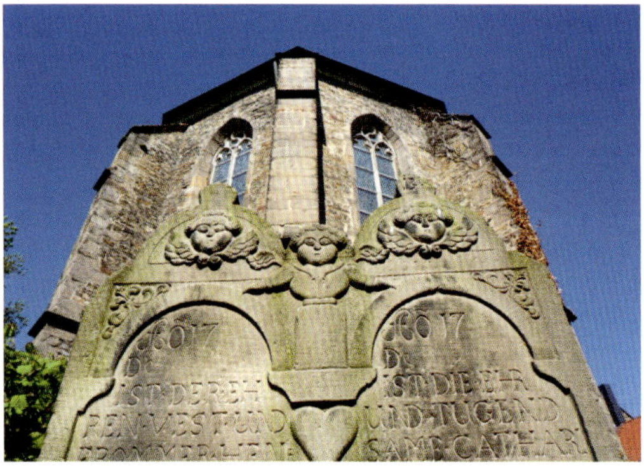

Alte Grabsteine stehen vor der Peterskirche.

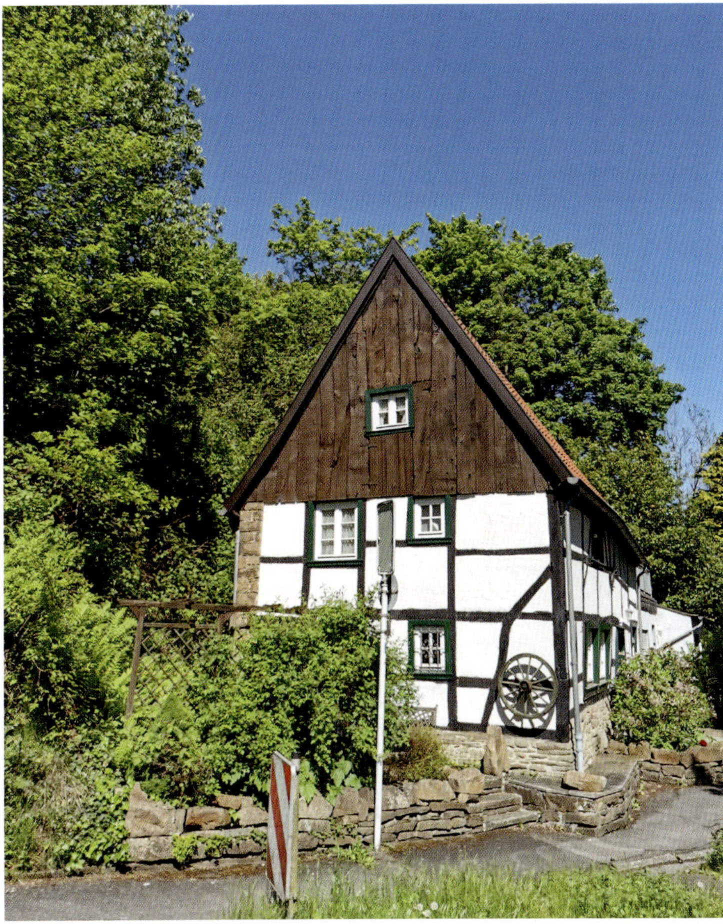

Das Klösterchen an der Petersquelle

Gastronomie:

Diverse in Syburg

Kiosk und Angebote unter dem Vincketurm, geöffnet bei gutem Wetter von April bis Oktober täglich, sonst nur sonntags. Tagesaktuelle Öffnungszeiten unter www.hohensyburg.de

Naturbiergarten Lennemündung, Syburger Dorfstraße 69, 44265 Dortmund, Telefon 0175/4861939

Dahinter gehen wir auf dem Pilgerweg weiter. Er führt uns links um die Spielbank auf eine Gabelung zu, an der wir uns rechts halten. Wir gehen einmal halb um das Gebäude herum und auf der zur Ruhr hin abfallenden Bergseite weiter zur Burgruine. Dahinter, rund um den Vincketurm, laden Spielgeräte und Bänke zum Verweilen ein. Weiter geht es Richtung Kaiser-Wilhelm-Denkmal. Nachdem wir von dort die Aussicht bewundert haben, gehen wir ein Stück zurück und folgen dem Jakobsweg nach rechts hangabwärts. Der Weg führt bis hinunter ans Wasser, und dort wenden wir uns nach links.

Am Weg

Hohensyburg

Wo heute die Ruine der im 17. Jahrhundert aufgegebenen Burg steht, belegen Funde die Anwesenheit von Menschen schon in der Steinzeit und eine Besiedlung in der Eisenzeit. Die Überreste der Burg stammen aus der Zeit um die Mitte des 12. Jahrhunderts, als die Kölner Erzbischöfe ihren Herrschaftsbereich nach Osten hin ausdehnen wollten. Die erste urkundliche Erwähnung stammt aus dem Jahr 775, als das fränkische Heer Karls des Großen den Ort von den Sachsen eroberte, die ihrerseits dann die nunmehr fränkische Burg belagerten. Die christlichen Franken blieben jedoch siegreich und vertrieben die heidnischen Sachsen – ein wesentlicher Schritt für die Christianisierung der gesamten Region.

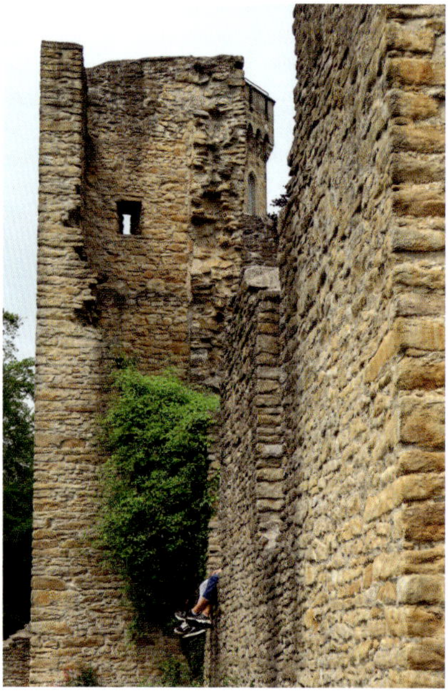

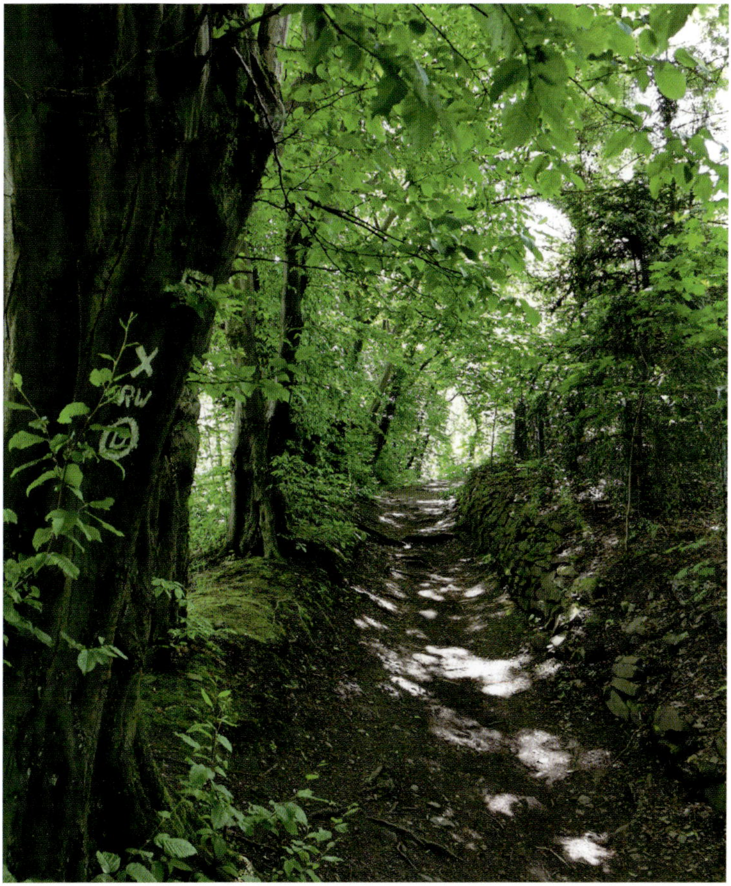

Der alte Hohlweg führt zurück nach Syburg.

Gegenüber der Lennemündung folgt unser Weg der Bahnlinie nach links. Nach einem steilen Anstieg führt über eine Art Damm ein Wanderpfad im spitzen Winkel nach links. Ein verwittertes Schild weist Richtung der ehemaligen Gaststätte Haus Weitkamp. Zwischen dem Eingang des Campingplatzes und der Naturbühne folgen wir der Straße geradeaus, bis nach links ein mit einem X markierter Wanderweg abzweigt. Dieser führt uns zurück zur Spielbank. Davor nach rechts abgebogen, gelangen wir zurück zum Ausgangspunkt.

Am Weg

Vincketurm

Der 26 Meter hohe achteckige Turm bietet eine fantastische Aussicht ins Ruhr- und Lennetal und auf den Hengsteysee. Gebaut 1857 erinnert er an den Oberpräsidenten Westfalens Ludwig von Vincke, der Westfalen nach der französischen Besatzung prägte. Als Ehemann der Eleonore von Sieberg zum Busch war er Eigentümer der Burgruine Hohensyburg. Die Wehrmacht nutzte den Turm in den letzten Kriegstagen als Beobachtungspunkt, weshalb er unter Beschuss genommen wurde und in den 50er-Jahren wieder aufgebaut werden musste.

Der heute dem Landschaftsverband Westfalen-Lippe gehörende Turm ist geöffnet von April bis Oktober täglich von 10 bis 18 Uhr, soweit das Wetter mitspielt. Im Winter sonntags von 10 Uhr bis zur Dämmerung. Eintrittspreise und tagesaktuelle Öffnungszeiten unter www.hohensyburg.de

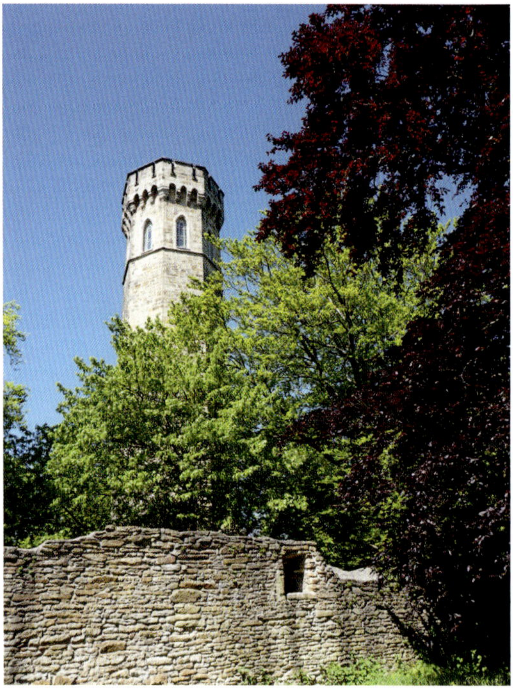

Den Vincketurm kann man besteigen.

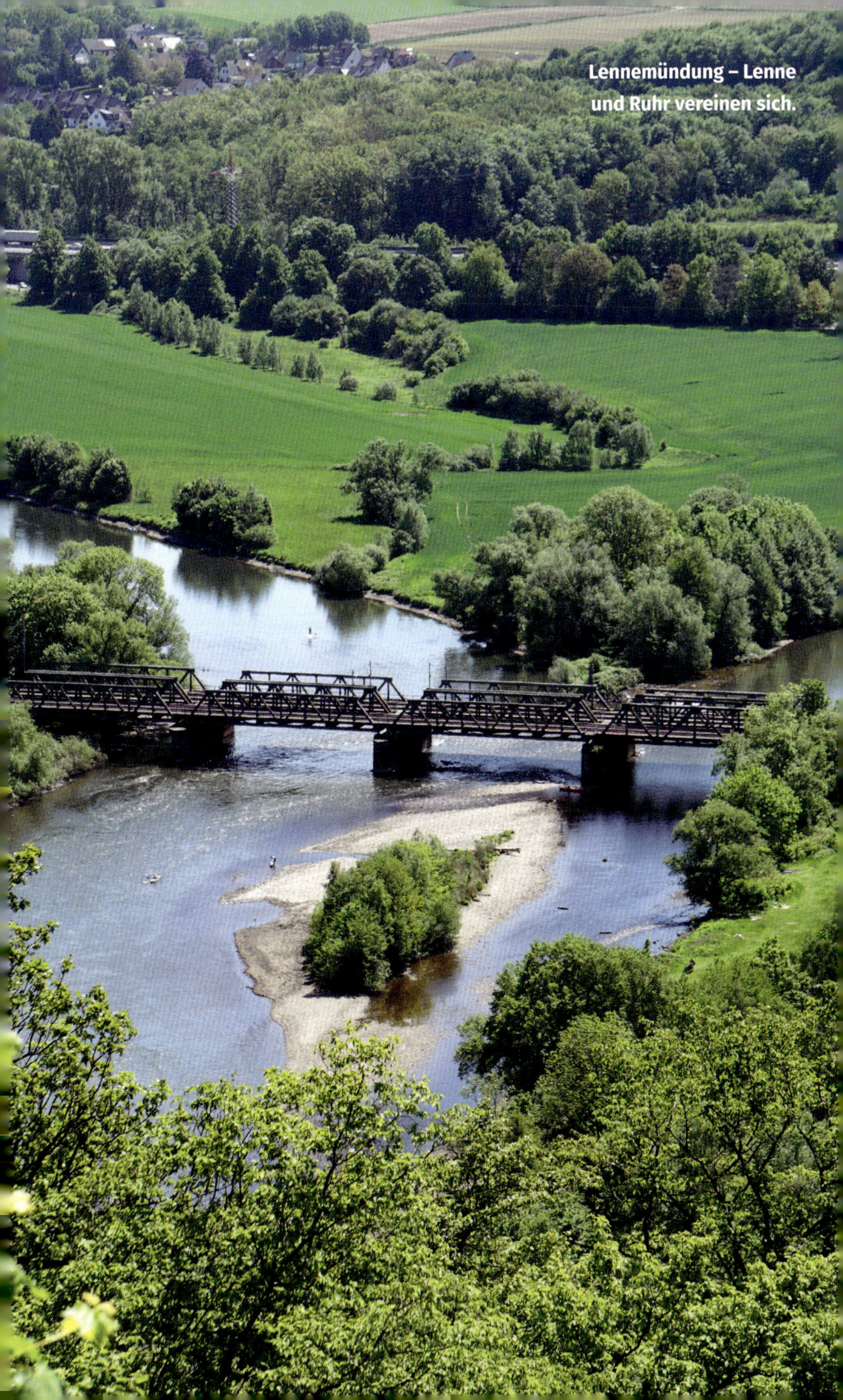

Lennemündung – Lenne und Ruhr vereinen sich.

Die kleine Elfe an der Peterskirche in Syburg

Die Burg Hohensyburg und die Peterskirche thronen auf benachbarten Hügeln. Die Kirche auf dem Syberg war das erste Gotteshaus in der Region, das die Franken errichteten, nachdem sie das Land erobert hatten und die neue Religion mitbrachten. Karl der Große setzte ein Zeichen, als er die Kultstätte der Sachsen, die wohl vorher an dieser Stelle stand, zerstörte. Wir erzählen die Geschichte der kleinen Elfe, die all die Veränderungen rund um die Syburg miterlebte, ob sie wollte oder nicht.

Es war einmal eine kleine Elfe, die war besonders vorwitzig und neugierig. So kam sie eines schönen Tages an die Ruhr, wo heute die stolze Peterskirche steht. Doch zu der Zeit, als unsere Elfe ankam, ragte ein wuchtiger Stamm aus dem Boden, und heilige Männer und Frauen kamen, um einem Gott namens Krodo zu huldigen. Das war ein Spektakel! Die Elfe war fasziniert und gegruselt zugleich. Die Menschen sangen und tanzten, entzündeten Feuer und feierten Feste. Und gleich neben dem Kultplatz war eine Quelle, die ihnen heilig war. Und sie nannten den heiligen Baum die Irminsul, und den Wald rundherum nannten sie den Heiligen Hain. „Welch ein besonderer Ort", dachte die Elfe und wollte bleiben: Sie suchte sich den schönsten Holunderstrauch aus und wählte ihn als ihr Zuhause. So vergingen die Jahrhunderte, und die kleine Elfe begleitete die Menschen und beschützte sie vor Unheil, wenn es in ihrer Macht lag.

Doch dann kam der Tag, den die Elfe niemals vergessen sollte. Es erhob sich ein großer Tumult, Schreie waren zu hören, und sie flog so schnell sie konnte zur Irminsul. Und was sie sah, war schrecklich: Männer und Frauen im Kampf. Die Elfe ertrug es nicht, Blut zu sehen, und so flog sie schnell davon und versteckte sich in einem hohlen Baum. Es war ihr klar: Hier würden ihre Kräfte nicht mehr ausreichen, um ihre Menschen

vor dem Unheil zu bewahren. Und so kam es dann auch: Die Ihren unterlagen der Übermacht eines Mannes, der sich Karl der Große nannte, und seiner Gefolgschaft. Diese fällten die heilige Irminsul und ließen alsbald genau an ihrer Stelle eine hölzerne Kirche errichten. Sie wurde zur Peterskirche geweiht und die heilige Quelle zum Petersbrunnen.
Kein Jahr verging, und ein besonderer Schädel wurde nach Syburg gebracht. Unsere kleine Elfe flatterte aufgeregt heran, als sie einen Mann rufen hörte: „Die Reliquie der heiligen Barbara ist das wundertätige Zeichen für ein so bedeutendes Gotteshaus!" Und im Nu war der Schrein in der Kirche abgestellt. Die Elfe flog hinein und musste sich sehr gruseln wegen des Totenschädels, der in fein geschmiedetes Gold eingefasst war. Schnell flog sie wieder hinaus und versteckte sich in einem Erdloch.
Die Zeit verging, und die Menschen, die zuvor ihre Götter in der Natur gefunden hatten, waren nun Christen. Und unsere Elfe? Sie war mindestens hundert Jahre lang verwirrt, denn für eine Elfe fühlen sich hundert Jahre so an wie für uns ein einziges Menschenjahr.
Die Kirche wuchs, und bald errichtete man statt des Holzbaus ein steinernes Gotteshaus, das mächtig auf dem Hügel oberhalb der Ruhr thronte. Immer mehr Gläubige kamen: Und jedes Jahr um den 25. April, dem Tag des Heiligen Markus, war es besonders arg, so lauthals und inbrünstig beteten die Menschen um die Vergebung ihrer Sünden. Unsere Elfe konnte nächtelang nicht schlafen, so ein Trubel war auf dem Hügel vor der Kirche.
In einem Jahr, anno 1287, waren so viele zur Wallfahrt auf dem Hügel der Peterskirche, dass eine nahe gelegene Stadt, die heute Dortmund heißt, fast gänzlich abbrannte. Fast alle waren zum Beten auf den Syberg gekommen und zu wenige in der Stadt geblieben, um das Feuer zu löschen.

„Warum müssen diese Menschen so viele Sünden abbüßen?", wunderte sich die kleine Elfe, und auch wenn die Männer und Frauen sie nicht mehr sehen konnten, weil sie verlernt hatten, die Naturwesen wahrzunehmen, blieb sie in ihrem Holunderstrauch wohnen.
Etwa dreihundert Jahre später wurde wieder alles anders: Der Schrein mit dem Schädel der Heiligen Barbara, Tafeln, Bilder und Statuen wurden aus der Kirche getragen. Auch die Statue der Muttergottes, auf der unsere Elfe immer saß, wenn sie nachts nicht schlafen konnte, wurde mitgenommen. An diesem Tag beschloss auch unsere Elfe schweren Herzens, ihr Zuhause im Holunderstrauch zu verlassen. Und da sie die Ruhr und ihre Menschen liebte, zog sie nicht allzu weit fort. Alle heiligen Zeiten flog sie zur Peterskirche zurück, um nach dem Rechten zu sehen.

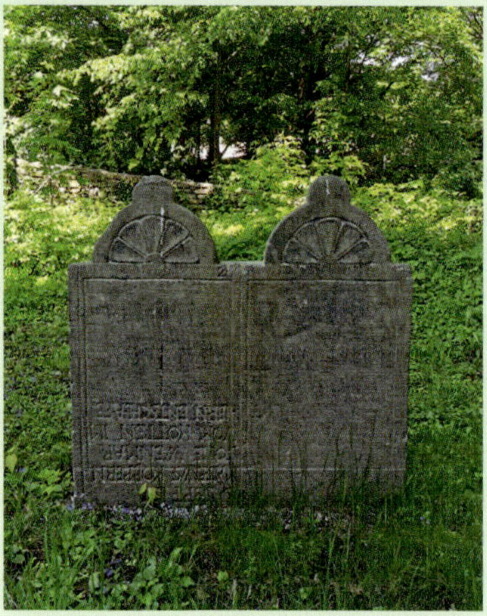

Um sich die Zeit zu vertreiben, trieb unsere vorwitzige Elfe gerne Schabernack. Vor einigen hundert Jahren flog sie zufällig vorbei, als der Steinmetz gerade einen neuen Grabstein aufstellen wollte. Flink sprach sie einen Zauberspruch: „Steinmetz Thum, mach den Grabstein andersrum!" Da setzte der Steinmetz, der Hironymus Thum hieß, den Stein verkehrtherum auf das Grab. Die Familie des Verstorbenen kam und beschwerte sich über das Missgeschick, aber der Steinmetz fühlte sich ganz wirr im Kopf und ging einfach davon. Und da niemand stark genug war, den Stein umzudrehen, blieb er so in der Erde stecken – bis heute.
Wenn du ihn findest, diesen verkehrten Grabstein auf dem Friedhof der Peterskirche, dann nimm dich in Acht und denk daran, dass vielleicht genau an diesem Tag die kleine Elfe da ist, um einen Scherz mit dir zu treiben.

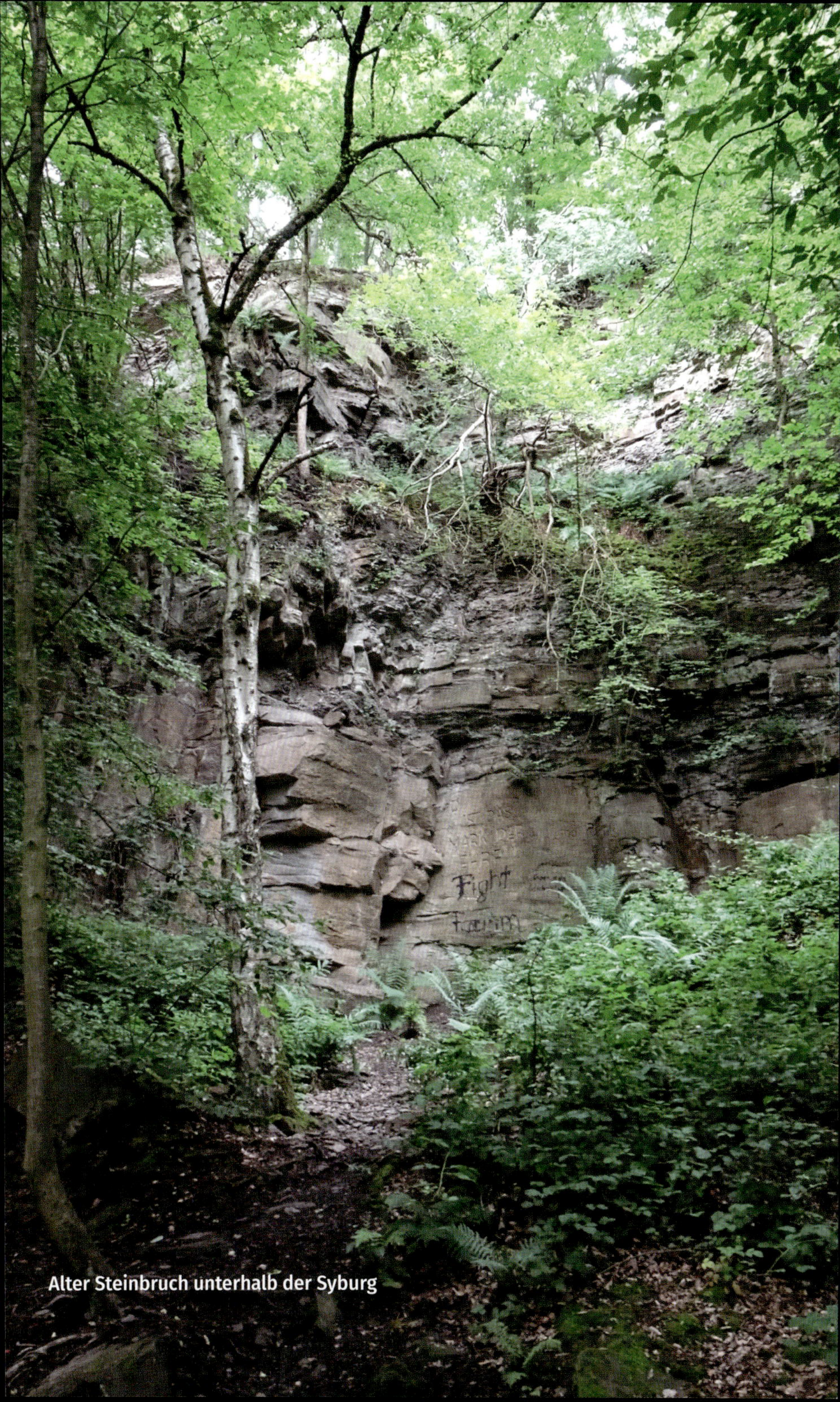

Alter Steinbruch unterhalb der Syburg

Tour 8

- Startpunkt
- Zwischenziele
- Zielpunkt
- Haltestelle
- Parkplatz
- Gastronomie
- Sehenswürdigkeit
- Aussichtspunkt
- Kulturstätte

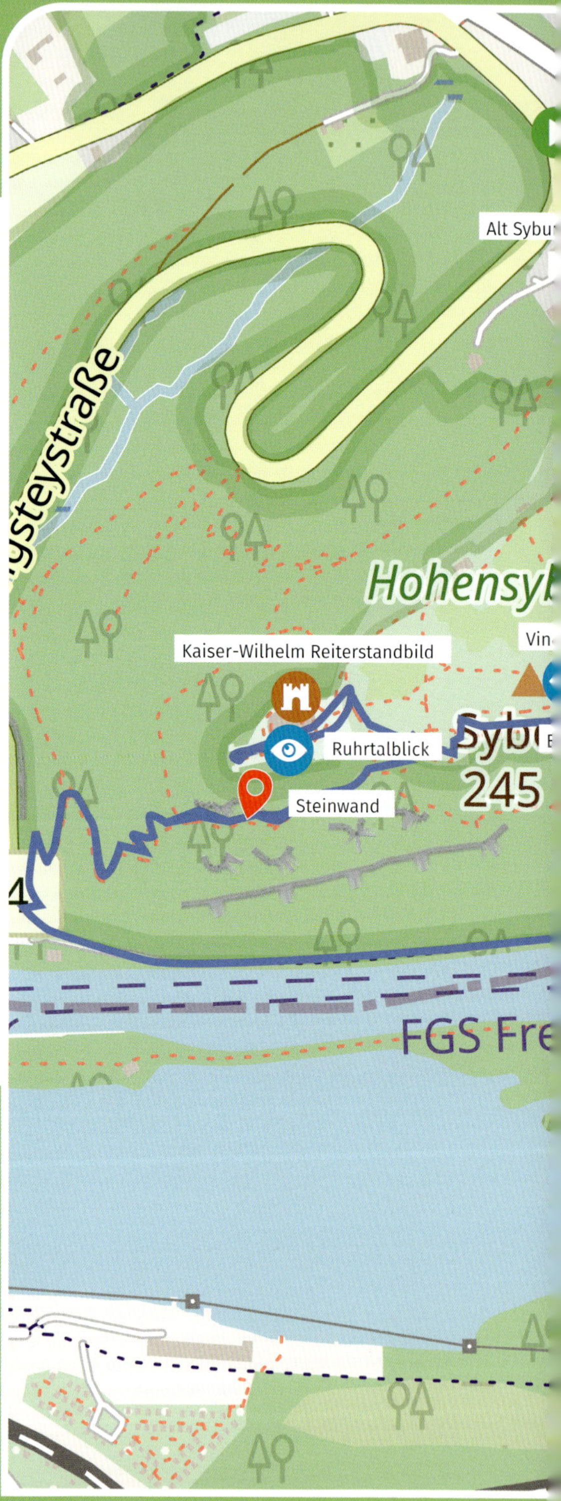

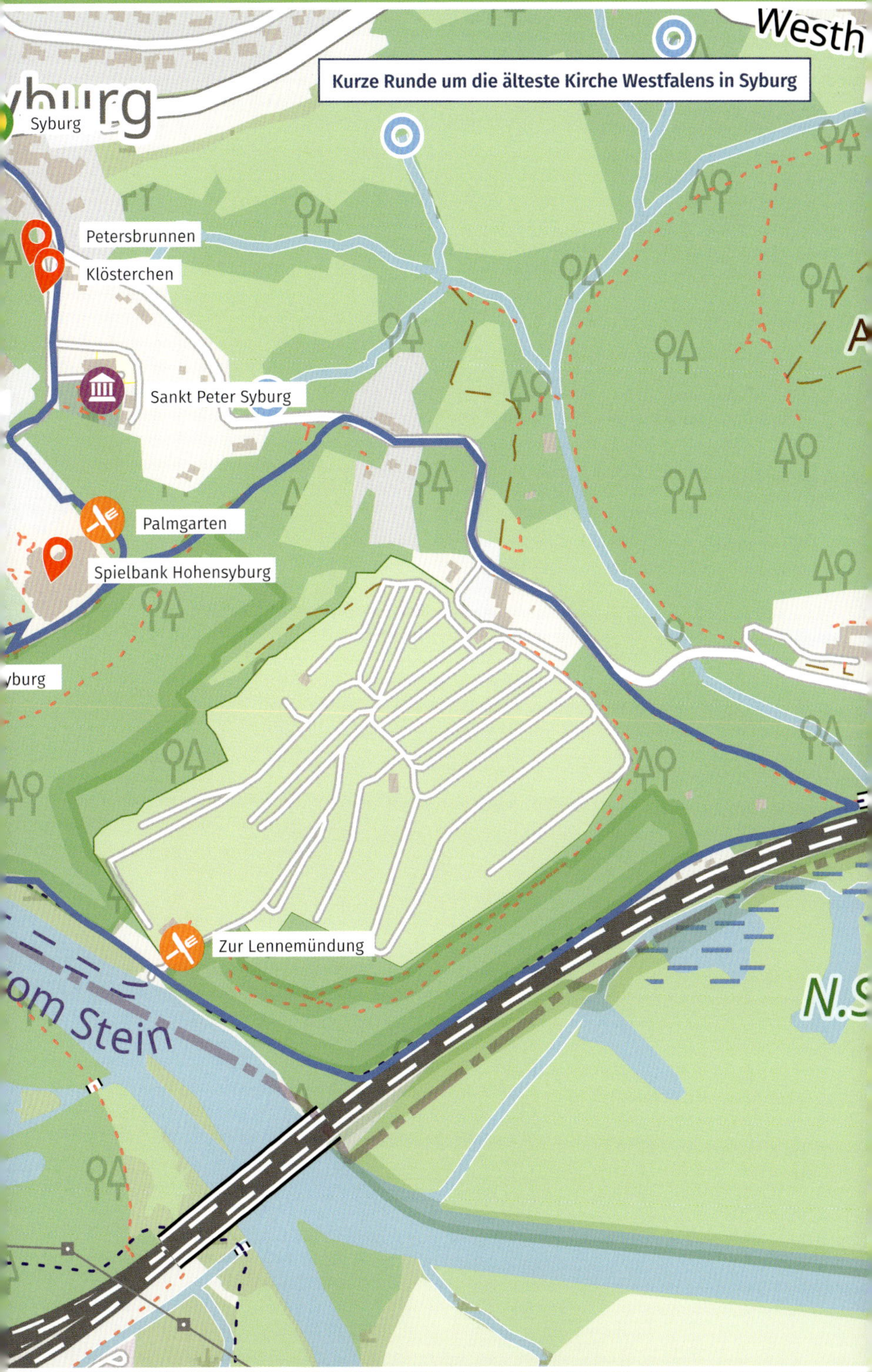
Kurze Runde um die älteste Kirche Westfalens in Syburg
Syburg
Petersbrunnen
Klösterchen
Sankt Peter Syburg
Palmgarten
Spielbank Hohensyburg
Zur Lennemündung

Durch Kathedralen aus Buchen

Wanderung zu den Ewalden von Aplerbeck

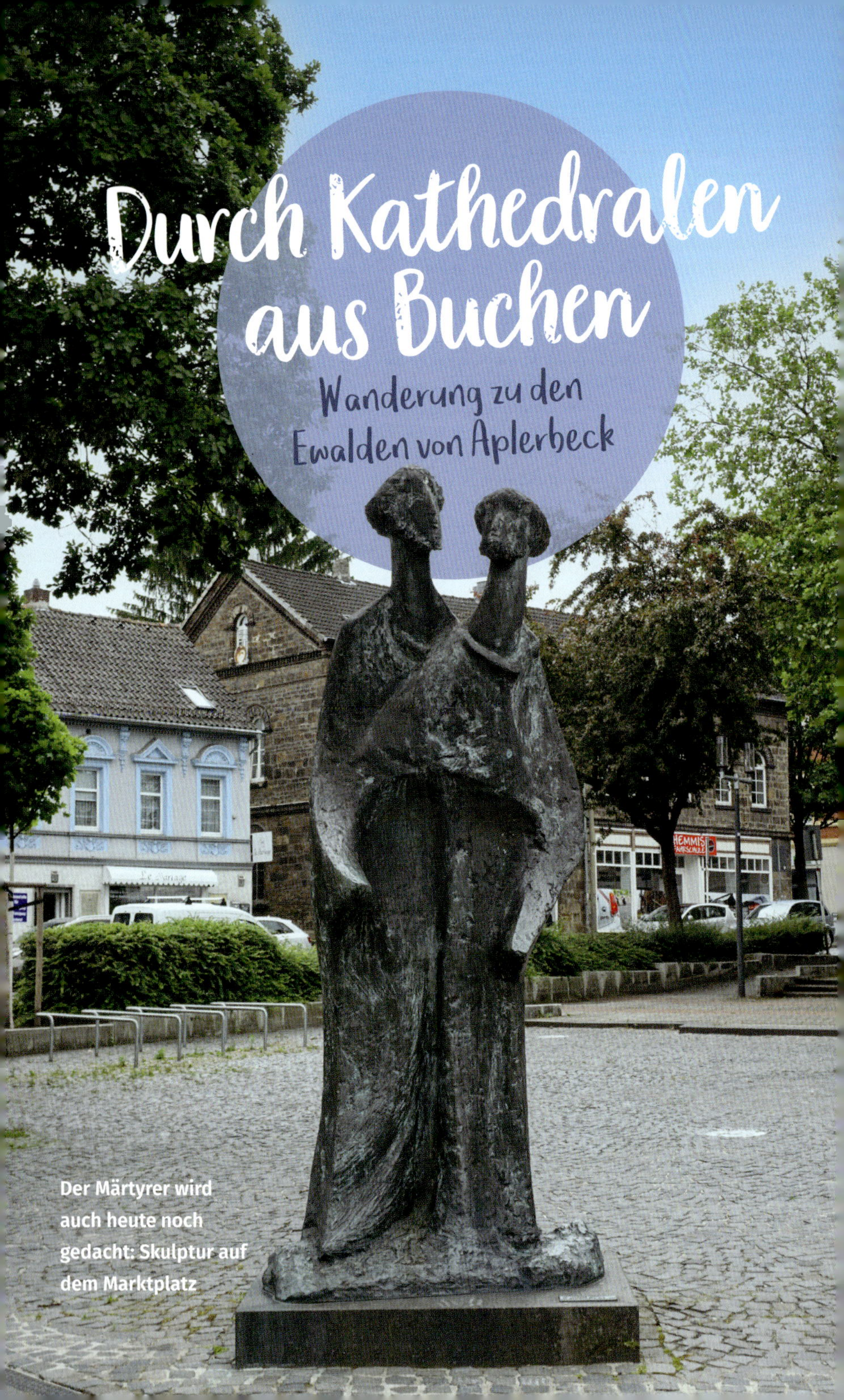

Der Märtyrer wird auch heute noch gedacht: Skulptur auf dem Marktplatz

Dass Menschen früherer Tage in Bäumen und Hainen den Sitz von Gottheiten erkannten, das kann man in der Aplerbecker Mark im Süden Dortmunds an der Grenze zu Schwelm noch heute nachvollziehen. Deswegen führt diese Runde zu den Aplerbecker Ewalden auch zunächst durch diesen Wald, bevor sie sich immer durch Grünstreifen und kleine Sträßchen auf die Wirkungsstätte der beiden Missionare zubewegt. Auf dem Marktplatz steht ein Denkmal, das die Erinnerung an die beiden Männer bis heute wachhält.

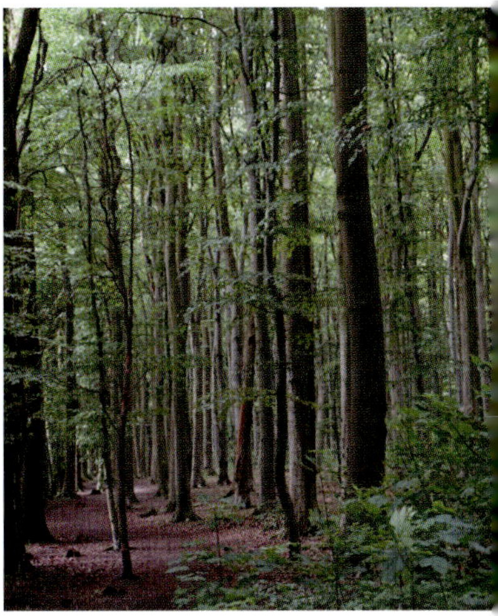

Buchen in der Aplerbecker Mark

Tour 9

2:45 Std. | 10,5 km | 184 Meter

Start/Ziel: Bezirksfriedhof Aplerbeck, Kortenstraße, 44287 Dortmund-Aplerbeck
Wegbeschaffenheit: Waldwege, Schotter, Asphalt
Anreise mit ÖPNV: Bushaltestelle Kortenstraße/Trauerhalle

Wegbeschreibung: Wir starten am Bezirksfriedhof Aplerbeck auf der Kortenstraße nach Süden, überqueren die Schwerter Straße und gehen gegenüber in den Wald. An der Gabelung halten wir uns links und wandern durch schönsten Buchenwald bis zur Bahnlinie, der wir ein Stück parallel folgen. An der nächsten Gabelung nehmen wir wiederum den linken Weg. So gelangen wir an ein großes Feld, vor dem wir nach rechts abbiegen und – wieder im Wald – eine breite Kreuzung erreichen, die wir geradeaus überqueren.

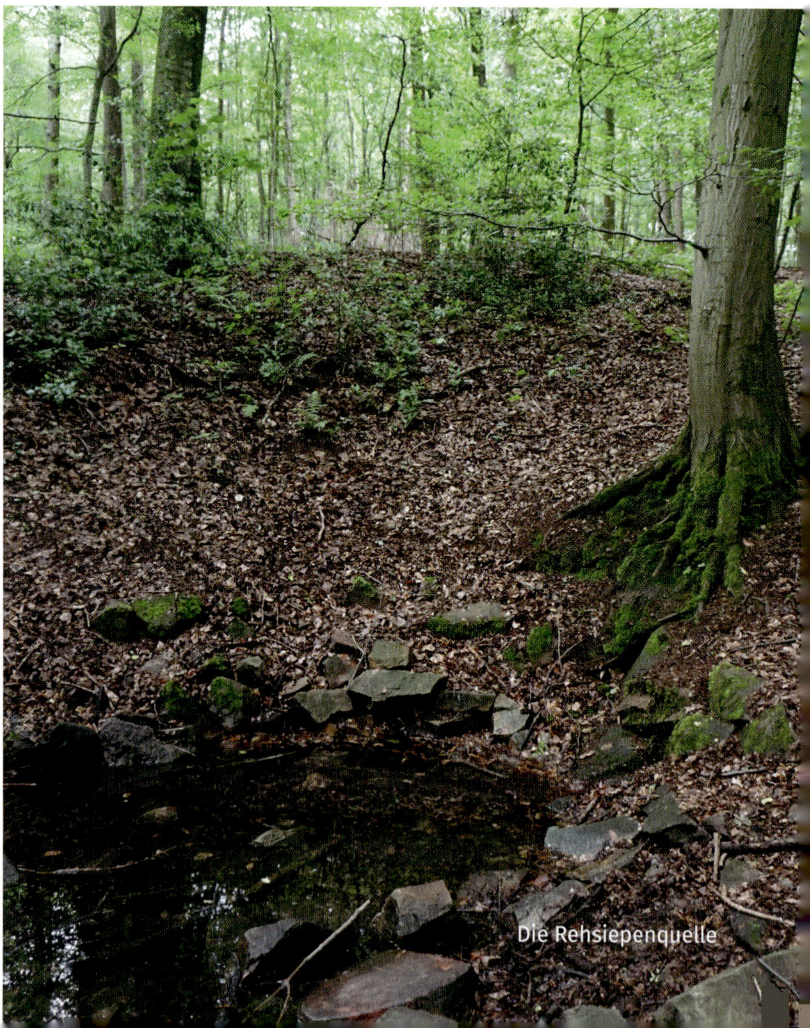

Die Rehsiepenquelle

Die Abzweigung nach rechts ignorieren wir. Nun folgen wir der Raute und dem umkreisten A an den nächsten beiden Gabelungen nach links und an der dritten Y-Kreuzung nach rechts.

Hinter der Quelle wenden wir uns links. Rechts unterhalb unserer Route ist ein Zaun zu erkennen, hinter dem mehrere Hütten an einer Wiese stehen. Dahinter beschreibt der Weg eine Linkskurve, und dort wählen wir den Weg, der gegenüber einer Bank nach rechts abzweigt, markiert mit dem umkreisten A. Er überquert einen Reitweg und führt an der Gabelung nach rechts aus dem Wald heraus.

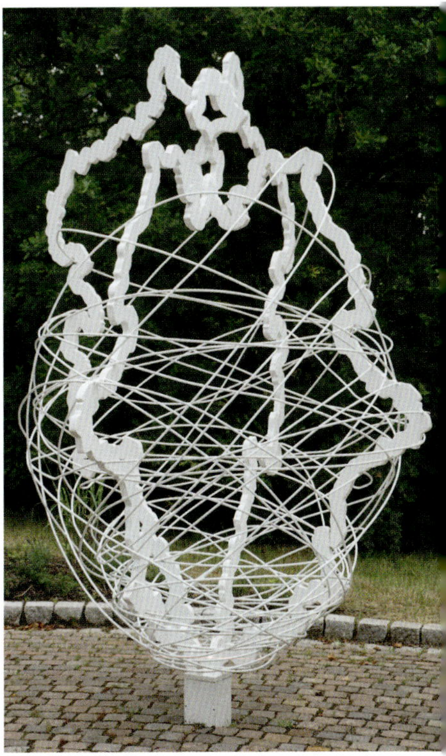

Die Skulptur am Mittelpunkt Nordrhein-Westfalens

Dem A folgen wir auf der kleinen Straße wenige Meter nach links, um dann gegenüber auf dem geschotterten Weg abwärts bis zu einem Zaun zu wandern, vor dem wir uns nach rechts wenden. Es geht an Wohnhäusern vorbei, und dort, wo wir links abbiegen können, schlagen wir einen kleinen Bogen am Spielplatz vorbei.

Am Ende des Wohngebiets wandern wir nach links, überqueren zwei Brücken und folgen der kleinen Straße bis zum „Mittelpunkt Nordrhein-Westfalens". Dort zweigen wir rechts ab und folgen dem A auch an der nächsten Wohnstraße, dieses Mal nach links. Hinter der Unterführung geht es nach rechts und dann nach links in die Witthausstraße.

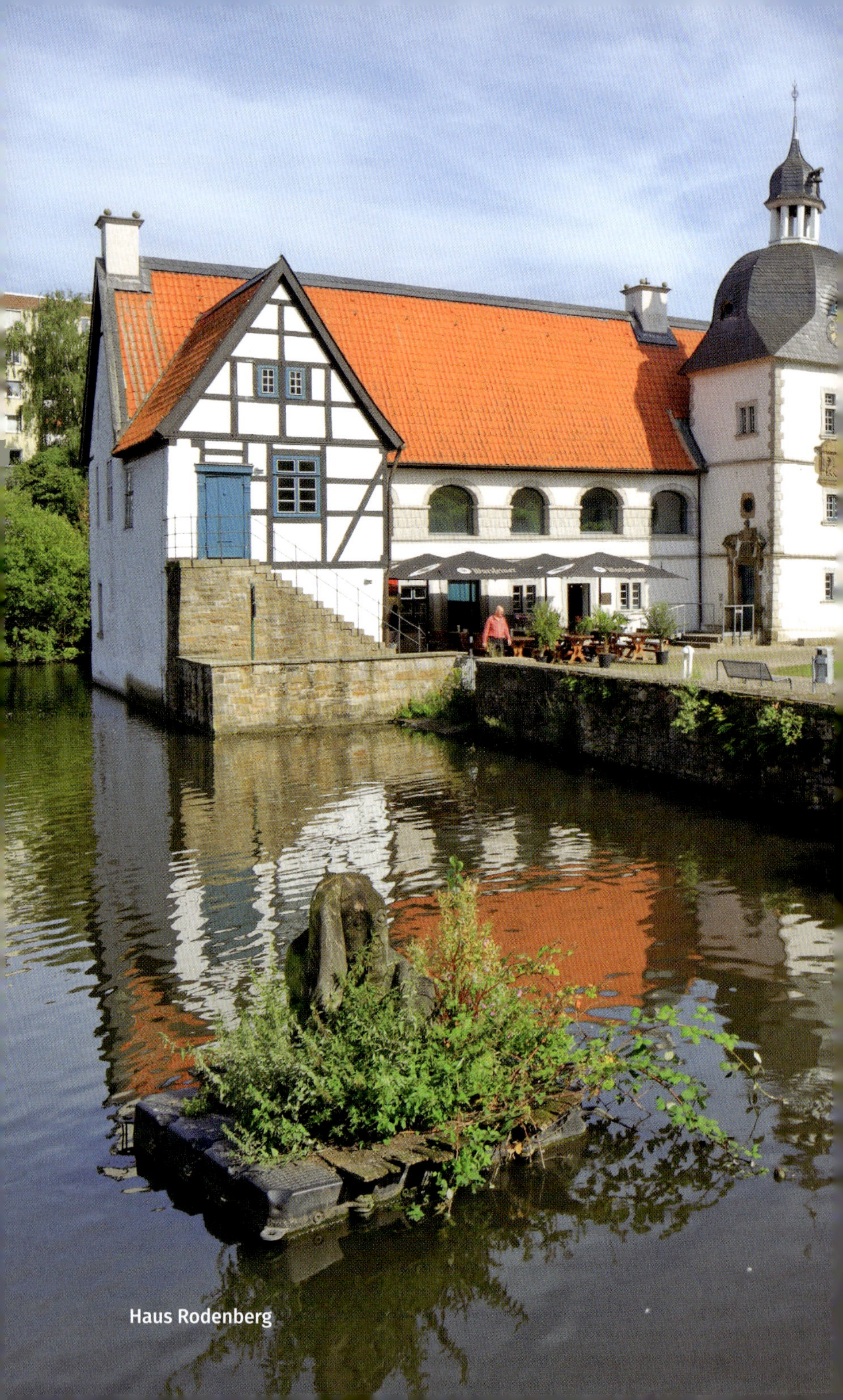

Haus Rodenberg

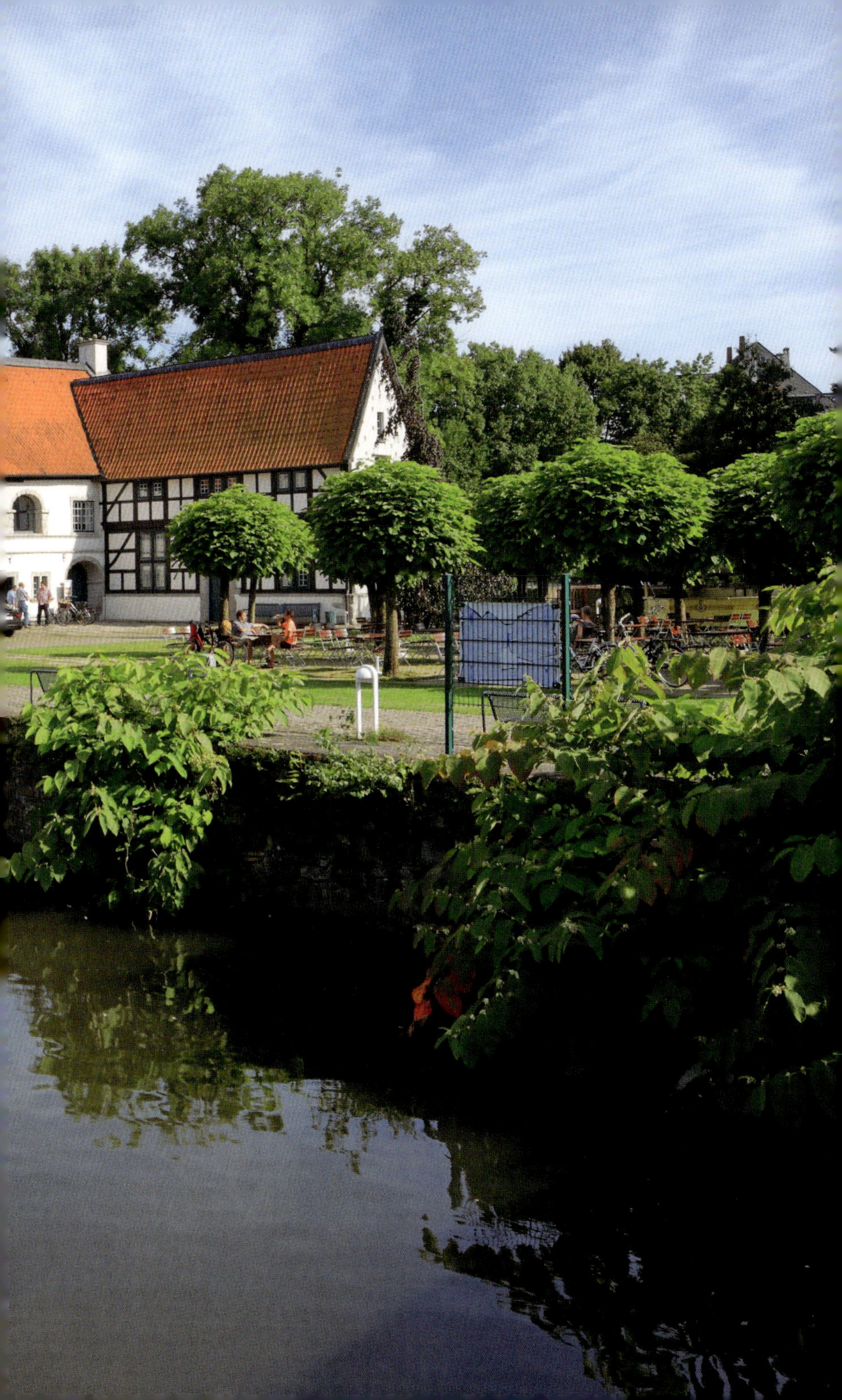

Am Weg

Haus Rodenberg

Gleich neben dem Aplerbecker Marktplatz mit seinem Ewaldi-Denkmal lädt das Wasserschloss Haus Rodenberg zu einem Besuch ein. Das von einem kleinen, aber feinen und frei zugänglichen Skulpturenpark umgebene Wasserschloss stammt in seinen Ursprüngen aus dem 13. Jahrhundert. Nachdem die ursprüngliche Burg 1422 zerstört worden war, wurde sie mit einem Wohnturm wiederaufgebaut und zwischen 1689 und 1698 in ein barockes Wasserschloss umgebaut.

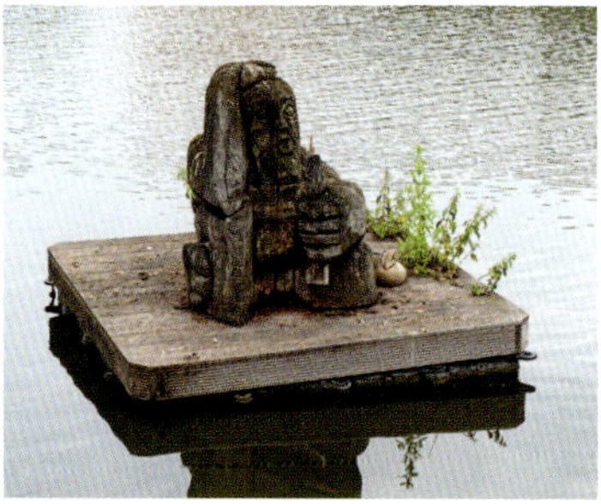

1985 kaufte die Stadt Dortmund das Schloss, das zuvor weitgehend ungenutzt verfallen war. Es beherbergt seitdem Räume der Volkshochschule, ein Schlosscafé und ein Märchenbühne genanntes Puppentheater (www.die-maerchenbuehne.de).

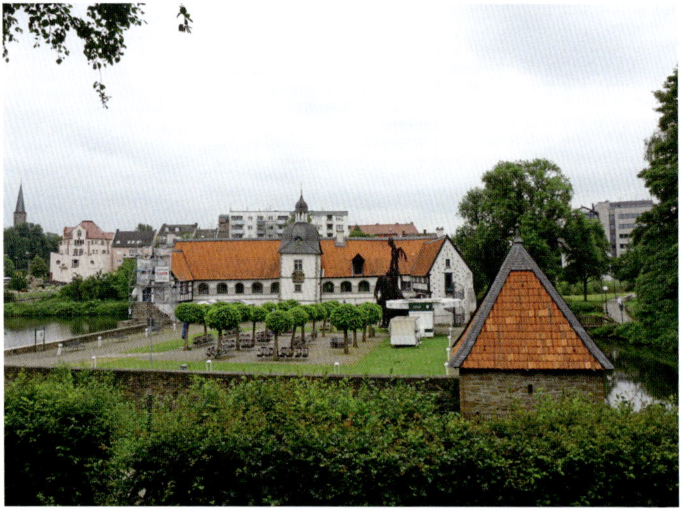

Altes Schloss in Großstadtkulisse

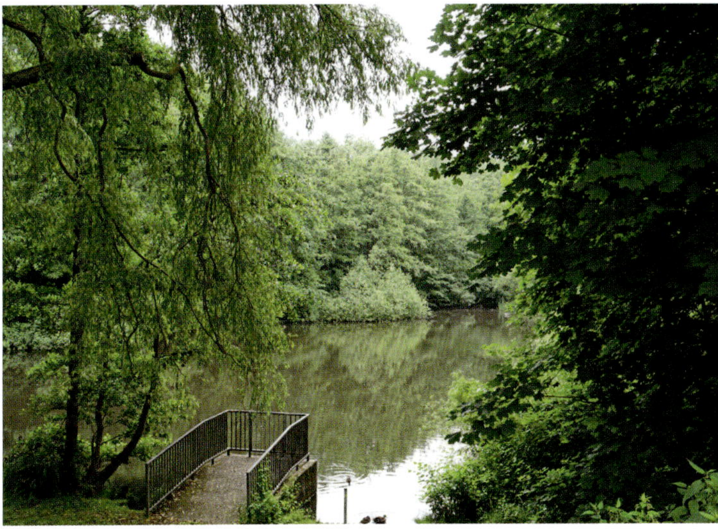

Am See des Nathebachs

Über die Aplerbecker Schulstraße und die Ter-Nedden-Straße erreichen wir vor der Linkskurve wieder einen Fußweg, der uns nach rechts leitet. An der nächsten Straße wenden wir uns der Unterführung zu und dahinter nach links.
Hinter dem Parkhaus biegen wir nach rechts ab. Wer mag, macht an der Linksbiegung einen Abstecher zur modernen Ewaldi-Kirche. Die Ewalde erreichen wir dann auf dem Aplerbecker Markt in Form einer Statue. Nach einer Runde um die Wasserburg Haus Rodenberg gehen wir zurück zum Parkhaus und dieses Mal schon davor nach links. Auf dem Emscherweg wandern wir bis zur zweiten Querstraße, an der wir zunächst rechts und an der Gabelung auf der Abteistraße links abbiegen. Durch die Gartenanlage „Fröhliche Morgensonne" erreichen wir links eine Straße, die uns nach rechts über die Bahnlinie führt. Dahinter halten wir uns zunächst links, bevor wir nach rechts wieder die Kortenstraße erreichen.

Gastronomie:

Diverse in Aplerbeck

Die Legende vom Weißen und vom Schwarzen Ewald

Es war um die Zeit um 700 nach Christus, als im heutigen Ruhrgebiet noch Götter und Göttinnen verehrt wurden. Es gab heilige Haine, Bäume und Quellen und weise Druidinnen und Druiden. Sie waren die Gelehrten der damaligen Zeit, und ihr oberstes Gebot war es, altes Wissen ausschließlich mündlich weiterzugeben – aufgeschrieben wurde nichts. Deshalb ist uns von dieser Zeit so wenig erhalten geblieben. Aber dies wird in Aplerbeck immer noch erzählt: dass bei der vorchristlichen Bevölkerung das ehrenhafte Gebot der Gastlichkeit galt und dass es bei Strafe der Götter verboten war, Fremden gegenüber abweisend zu sein.

Aus dem fernen Köln machten sich zu dieser Zeit zwei fränkische Mönche auf den Weg, ihren christlichen Glauben zu den einheimischen Sachsen zu bringen. Sie hatten es nicht leicht, sich durch das fremde Land zu schlagen. Doch schließlich kamen die Missionare, die beide Ewald genannt wurden, an die Emscher, in das Gebiet des heutigen Aplerbeck. Am Gutshof des Schulzen, wie der Bürgermeister damals genannt wurde, galt das Recht der Gastlichkeit, und so konnten sich die beiden dort niederlassen. Aufgrund ihrer Haarpracht wurden sie von den Dorfbewohnern der Weiße und der Schwarze Ewald genannt. Sie sprachen ihre Gebete und feierten die heilige Messe, und obwohl den Sachsen diese Religion nicht ganz geheuer war, durften die beiden Ewalde bleiben und standen unter dem Schutz des Hofherren.

Aber eines Tages beteten sie so laut und sangen so überschwänglich ihre Psalmen im Hof des Bauern, dass es allen ganz angst und bange wurde. Und so ritt der Schulze in den nahen Wald zum Heiligen Hain und erbat den Rat der Druidin.

„Sag mir, was soll ich machen mit den beiden Männern, die auf meinem Hof so lauthals von einem anderen Gott sprechen?“, fragte er sie.

Und die Druidin, die schon alt und verwirrt war und mit der neuen Zeit nicht so recht viel anfangen konnte, sprach: „Erinnere dich an den Schwur, Schulzebauer, den du den Göttern Thor und Wodan geleistet hast: Hinweg mit den Männern, die von einem fremden Gott sprechen! Hinfort mit ihnen, tot oder lebendig!“

So ritt der Bauer zurück zu seinen Leuten, doch als er ankam, waren seine Söhne und Knechte bereits dabei, sich mit den beiden Ewalden anzulegen. Und als nun der Bauer die Worte der Druidin wiederholte, vergaßen die Männer, dass sie Gastlichkeit geschworen hatten, und sie erstachen den Weißen Ewald mit dem Schwert. Sein Gefährte floh in den Hof, wo die Frauen den Flachs schlugen, und suchte deren Schutz. Sie wussten um die harten Strafen, die denen drohten, die die Weisungen der Götter missachteten, und sie versuchten, die Männer davon abzuhalten, den zweiten Ewald auch noch zu erschlagen. Doch all ihre Bemühungen scheiterten. Die Männer waren erfüllt von Wut und Ärger, packten die Flachsschlägel der Frauen und erschlugen auch den zweiten Ewald. Doch bevor der seine Augen für immer schloss, stieß er einen Schwur aus: „Gesegnet seien die Frauen dieses Hofes, doch soll es niemals mehr einen männlichen Erben geben!“ Das waren seine letzten Worte.

Die Frauen standen im Hof und klagten und weinten, denn sie wussten, dass das noble Gebot der Gastlichkeit gebrochen worden war und die Götter ihre Strafe folgen lassen würden. Die Mörder aber brachten indes die beiden Leichname heimlich zur Emscher und warfen sie ungesehen hinein. Nie mehr wollten sie etwas mit diesen fränkischen Mönchen und ihrer Religion zu tun haben.

Die beiden Ewalde trieben bis in den Rhein – und was dort geschah, war ein Wunder, denn sie schwammen, entgegen dem Strom, bis nach Kaiserswerth. Doch der Wunder nicht genug: In der Nacht erschien ein heller Strahl, den die Bewohner der Region weithin sehen konnten. Die dort lebenden Christen zogen die beiden Ewalde aus dem Rhein, erkannten, dass die Körper der Missionare gänzlich unversehrt geblieben waren, und beerdigten die Märtyrer feierlich in ihrer Kirche.

Doch wie ging es im Schulzehof in Aplerbeck weiter? Die Mörder wurden hart bestraft, verjagt und des Landes verwiesen. Der furchtbare Fluch des Schwarzen Ewald zeigte über die Jahrhunderte Wirkung: Entweder gab es erst gar keine männlichen Erben, oder sie starben früh. Nie mehr wurde es gut in diesem Hof, den man von da an Mortmannshof und später Märtmannshof nannte.

Entlang des Weges, auf dem die toten Ewalde an die Emscher getragen worden waren, fiel über Jahre kein Tau und kein Regen mehr. Später galt dieser Ort den Christen als heilig: Die Legende erzählt, dass Menschen mit Krankheiten und Leiden dorthin gingen, um sich heilen zu lassen.

Der Märtmannshof wurde schließlich – um endlich dem Fluch zu entgehen – 1908 verkauft: Doch bevor der Sohn und Erbe das Geld für die Eröffnung eines Geschäftes verwenden konnte, starb auch er eines unerklärlichen Todes, so wie alle männlichen Erben des Märtmannshofs vor ihm.

Die beiden Ewalde ruhen seit vielen Jahren in Köln – in der Kirche St. Kunibert. Und in Aplerbeck auf dem Hauptplatz findet sich eine Gedenkstatue für die beiden Märtyrer: Man hat sie und ihre tragische Geschichte bis heute nicht vergessen. Auch mehrere Straßen- und Flurnamen erinnern noch an die blutige Legende. Also macht euch auf die gruselige Spurensuche: Vielleicht vernehmt ihr noch die Schreie der Ewalde oder das Klagen und Weinen der Frauen, oder ihr hört auf dem Weg durch die hohen Hallen des Buchenwaldes in der Aplerbecker Mark den Geist der Druidin ihre dunklen Prophezeiungen murmeln.

Am Mittelpunkt Nordrhein-Westfalens

Wer sich auf die Suche nach Geschichten begibt, der wird schnell fündig. So passierte es uns auf diesem Weg: Ein Mann erzählte uns bereitwillig die Geschichte, wie es zum Standort des Mittelpunktes Nordrhein-Westfalens kam:

Es waren einmal Geographiestudierende aus Bochum, die im angetrunkenen Zustand auf die Idee kamen, den Mittelpunkt ihres Bundeslandes zu bestimmen. Gesagt, getan. Sie gingen noch in der Nacht zu Werke, sägten aus einer Spanplatte die Umrisse Nordrhein-Westfalens, stellten eine ihrer leeren Bierflaschen auf den Boden und versuchten, die Platte darauf auszubalancieren. Der Punkt genau unter dem Flaschenhals müsste nach wissenschaftlich überprüfter Meinung der gesuchte Mittelpunkt sein – schließlich waren sie ja angehende Akademiker.
Doch bei Tage betrachtet, mussten sie feststellen, dass sich der definierte Punkt in einem Naturschutzgebiet befand, in das Menschen nicht hineindurften. Also erklärten sie, dass sie sich wohl geirrt hätten. Und da der Sommer lang und die Feiermöglichkeiten zahlreich waren, maßen sie am kommenden Wochenende wieder nach, aber sie irrten sich wieder, denn der vom Hals der Bierflasche ausgewiesene Ort lag diesmal auf einem Privatgelände.
Und da aller guten Dinge bekanntlich drei sind, maßen sie ein drittes Mal. Und siehe da: Der Mittelpunkt NRWs war gefunden, zugänglich und hübsch zu gestalten mit Stein und Bronzeplakette. Und die Moral von der Geschicht'? Auch die Wissenschaft ist gelegentlich ein Balanceakt.

Tour 9

- Startpunkt
- Zwischenziele
- Zielpunkt
- Haltestelle
- Sehenswürdigkeit
- Kulturstätte
- Kunstobjekt

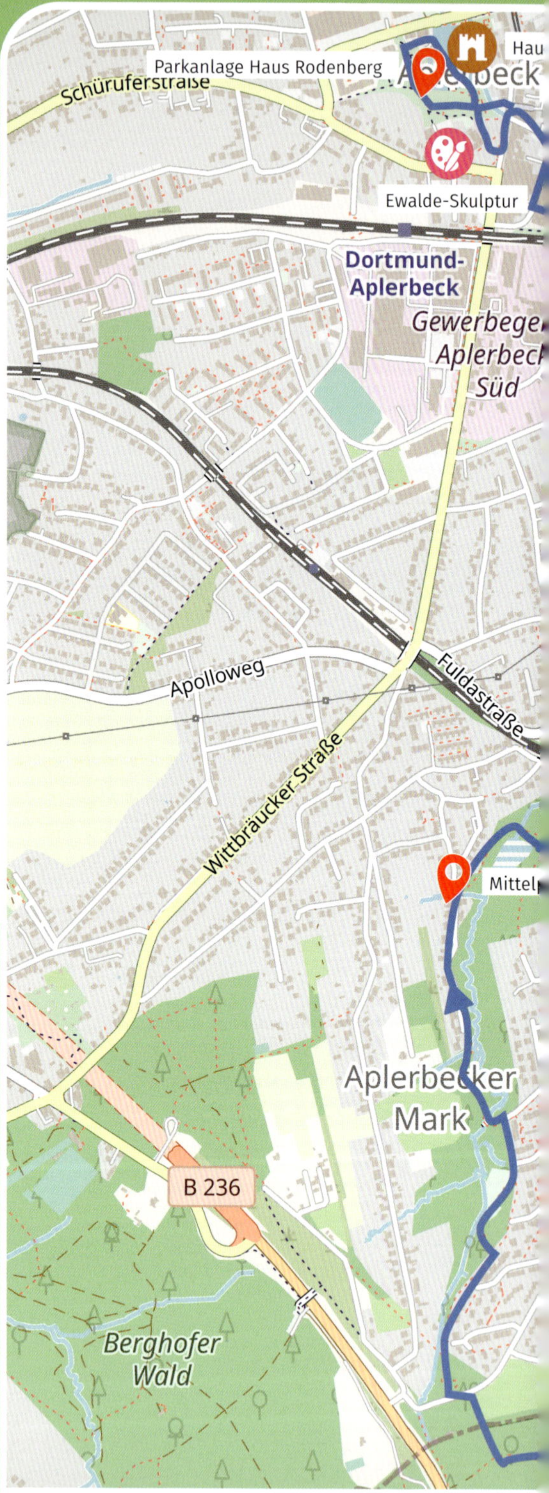

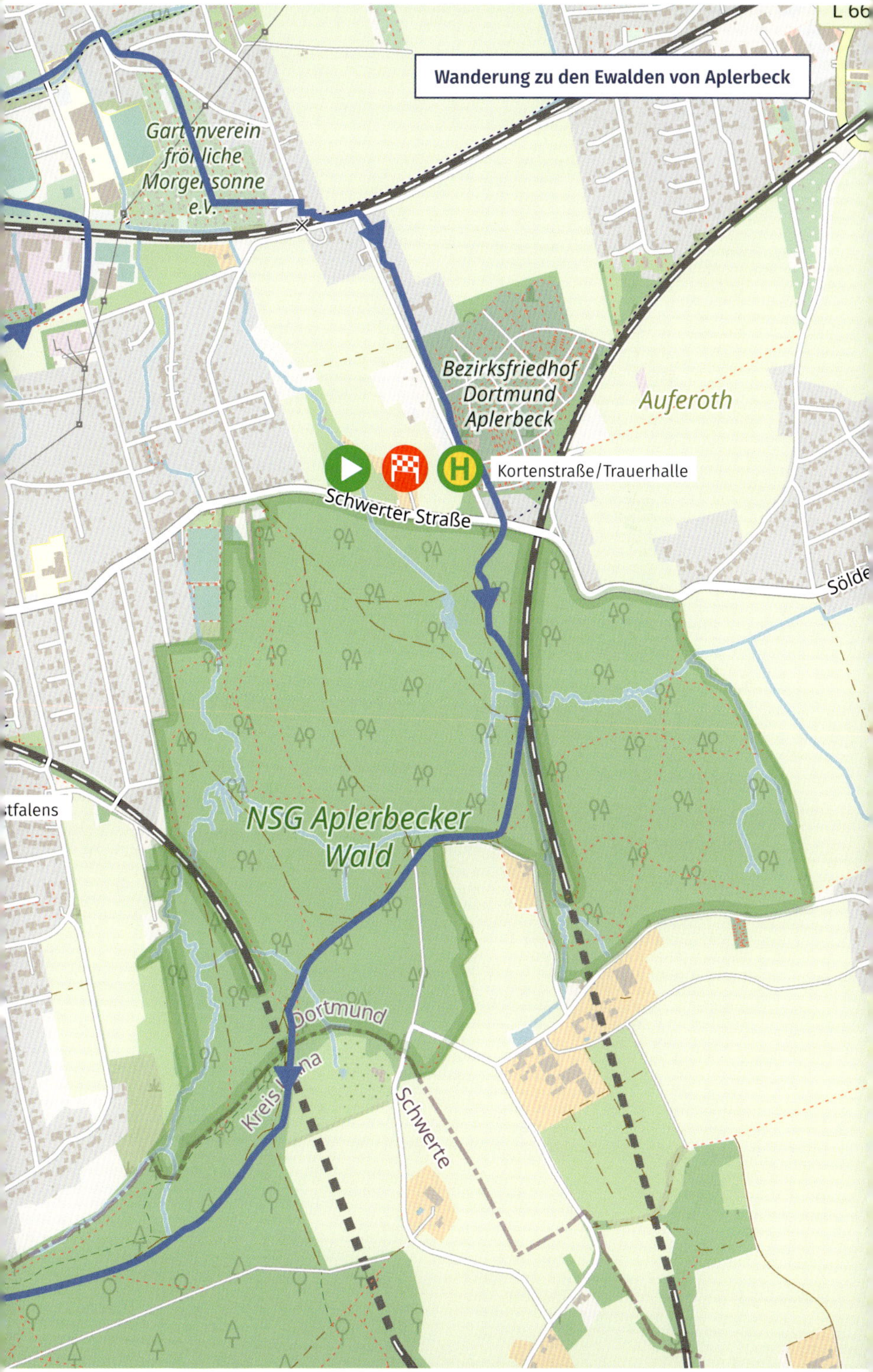
Wanderung zu den Ewalden von Aplerbeck
Gartenverein fröhliche Morgensonne e.V.
Bezirksfriedhof Dortmund Aplerbeck
Auferoth
Kortenstraße/Trauerhalle
Schwerter Straße
NSG Aplerbecker Wald
Dortmund
Schwerte

Von Hexen und grauen Mönchen

Über sandige Wege durch die Hohe Mark

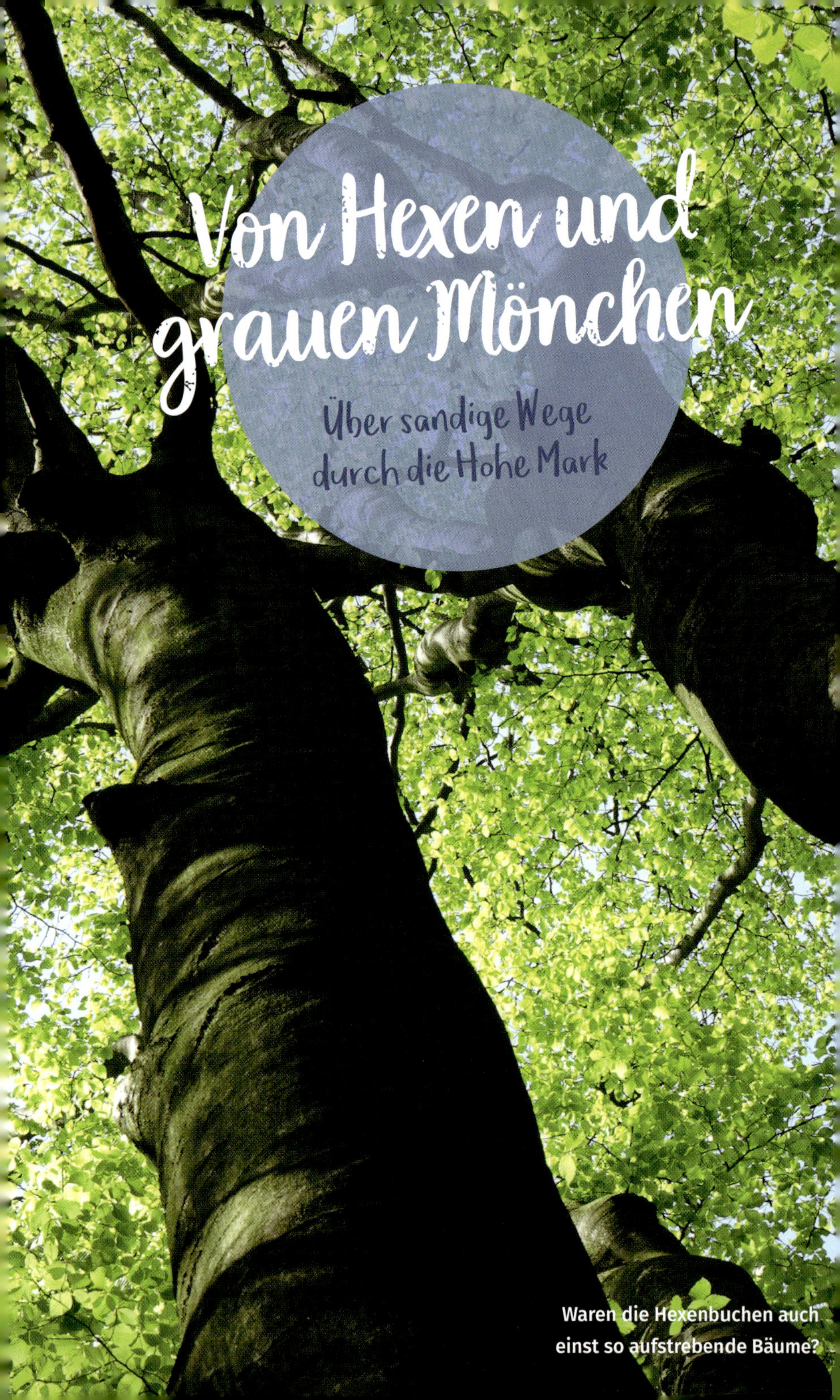

Waren die Hexenbuchen auch einst so aufstrebende Bäume?

Muss hier nicht Zauberei am Werk gewesen sein? Die Stämme der in der Region bestens bekannten Hexenbuchen sind verdreht, ihre Äste wachsen nach unten statt nach oben, keine Ordnung, keine Normalität – ein Ort, den frühere Generationen lieber gemieden haben. Zahlreiche Legenden ranken sich um die Bäume. Und selbst, wenn man heute weiß, dass ein genetischer Defekt für den ungewöhnlichen Wuchs verantwortlich ist – warum nur bei diesen Bäumen und nicht auch bei den benachbarten Buchen? Unsere kleine Geschichte liefert eine phantasievolle Erklärung. Auch der Griese Mönch wird die Buchen gekannt haben. Auf weichen, sandigen Wegen folgen wir ihm und seinem Wolf auf und ab durch diesen Teil der Hohen Mark, der an Dünenlandschaften erinnert.

Tour 10

3 Std. | 11,8 km | 330 Meter

Start/Ziel: Wanderparkplatz Haversberg, Granatstraße, Abzweig Alter Weseler Weg, 45721 Haltern
Wegbeschaffenheit: überwiegend Waldwege

Wegbeschreibung: Vom Wanderparkplatz aus biegt der Weg hinter der Informationstafel links ab und führt zunächst aus dem Wald heraus. Am Waldrand geht ein sehr schöner Pfad zwischen Feld und Wald nach rechts weiter. An einer T-Kreuzung folgen wir dem A6 nach rechts, um dann wieder nach links abzubiegen. An einer Lichtung vorbei, hinter der sich ein riesiges Windrad erhebt, gehen wir wieder in den Wald hinein. Nach wenigen Metern gabelt sich der Weg, und wir halten uns rechts und dann geradeaus, ohne in den nächsten Querweg einzubiegen. In die kleine Straße biegen wir nach rechts ein und folgen der einzigen Asphaltstrecke dieser Tour für knapp 400 Meter. Bei der nächsten Gelegenheit gehen wir wieder in den Wald nach rechts und nehmen

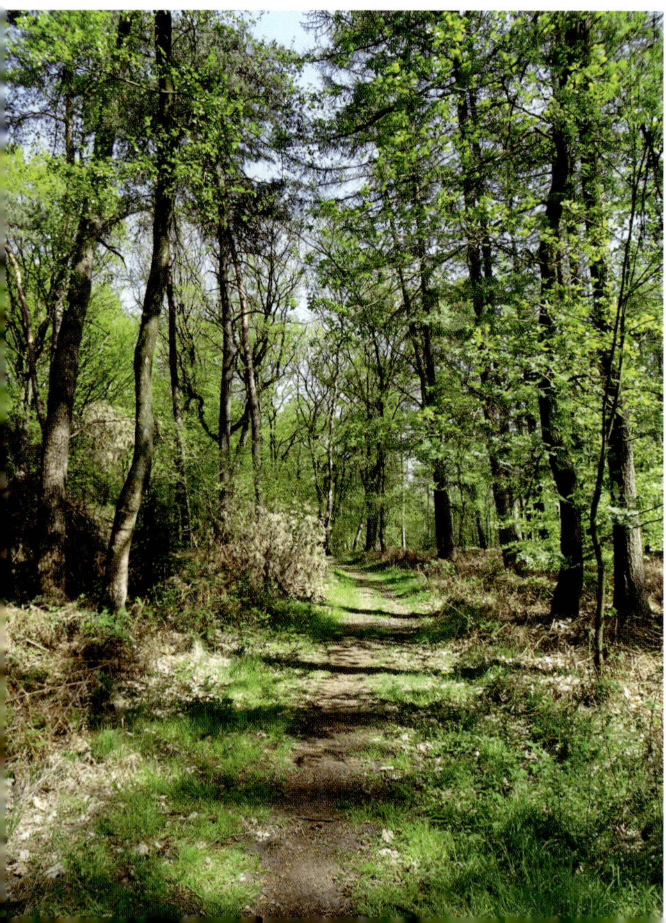

Auf diesen Wegen wandelten die Nonnen.

Am Weg

Aufgegebenes Kloster

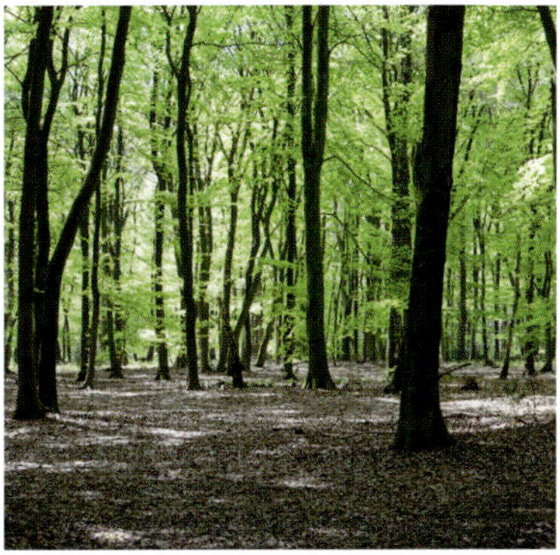

Hier irgendwo stand einst das alte Kloster.

Unsere Wanderung führt vorbei an einem Ort mit dem sprechenden Namen „Wolters Pisspott". Denn auf dem Landstück des Bauern Wolter lag eine Wasserstelle, die – obwohl mehrmals mit Erdreich zugeschüttet – doch immer wieder zum Vorschein kam. Inzwischen weiß man, dass dieser Ort einst einem Kloster als Wasserstelle diente. Für 13 Jahre lebten dort im 13. Jahrhundert Nonnen. Die Zisterzienserinnen des Klosters Marienborn (Born: Quelle) zogen 1243 nach Coesfeld um. Wo genau vorher ihr Kloster stand, war bis vor einigen Jahren nicht bekannt. Inzwischen sind die Fundamente auf der nahen Wiese aber erforscht und datiert.

die nächste Abzweigung nach links. Auf einem immer schmaler werdenden Waldpfad wandern wir geradeaus, bis wir einen breiten Forstweg erreichen, in den wir nach links einbiegen. Wir kommen am Wanderparkplatz „Auf'm Eck" vorbei, auf dem eine Schutzhütte sowie Bänke und Tische zur Rast einladen.

An der nächsten Kreuzung stoßen wir wieder auf die Straße, folgen ihr aber nicht geradeaus, sondern biegen rechts ab. Wir kommen an ein Schild, das den Weg zur „Waldschenke" weist – wer hier einkehren möchte, erreicht das Lokal in 500 Metern. Unsere Wanderung führt uns aber geradeaus weiter den Hang hinauf, bis wir an eine Infotafel gelangen. Sie weist auf die Wasserstelle hin, die einst dem Kloster diente, das im 13. Jahrhundert ganz in der Nähe stand.

Der Waldweg führt weiter den Hügel hinauf, bis er nach rechts abbiegt und später auf einen breiten Weg trifft. Dort wenden wir uns nach links bis zur nächsten großen Kreuzung.
Auf dem breiten Weg, der fast an eine Straße erinnert, wandern wir nach rechts bis zum Weißen Kreuz. Dort biegen wir kurz rechts ab und gehen dann gleich links. Der Weg wird zu einer Art Hohlweg und führt uns an einer prächtigen mehrstämmigen Buche vorbei bergab. Links erhebt sich wie eine Düne ein kleiner Hang, und wir gehen an seinem Fuß entlang, bis wir an eine Kreuzung mit mehreren hölzernen Wegweisern treffen. Hier beginnt die kleine Extra-Runde zu den Hexenbuchen. Dafür gehen wir geradeaus den Hang hinauf und dann noch vor der Granatstraße links. Hinter der Straße führt eine Reihe von hoch aufragenden Buchen zu den Hexenbuchen.

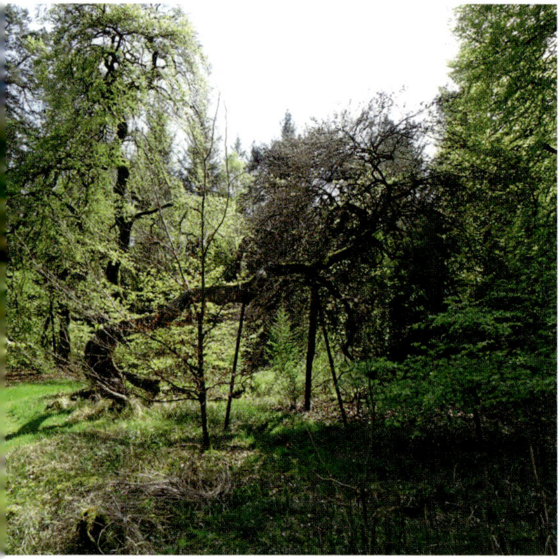
Die Hexenbuchen

Anschließend geht es von dieser Kreuzung dann von den Buchen kommend nach links talabwärts in Richtung des „griesen Mönchs“. An dem Denkmal für den Mönch vorbei wandern wir stetig bergab, bis wir an eine Kreuzung kommen, an der Wanderwege nach links abbiegen. Wir folgen unserer Route aber geradeaus. 04_Denkmal Mönch Rechts zweigt unmittelbar danach ein erster Weg ab, den wir ignorieren, jedoch nehmen wir den zweiten Weg, der nach rechts abbiegt. Nach knapp 200 Metern biegen wir von diesem Weg nach links in einen Pfad ein, dem wir bis zu einem breiten Weg folgen, auf den wir nach rechts einbiegen. Gegenüber ist das Gelände des ehemaligen Schachts Auguste Victoria abgezäunt, um das wir herumgehen.

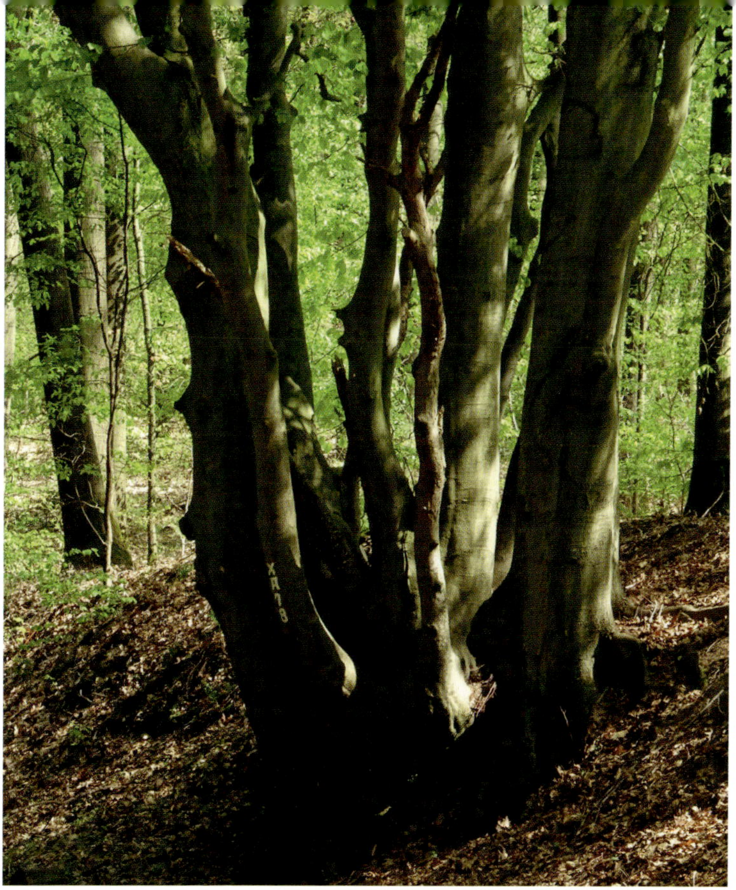

Die Buchen bilden ganz unterschiedliche Formen.

Wir biegen also bei jeweils nächster Gelegenheit zwei Mal links ab, queren dann einen Weg, um schräg geradeaus einem Reitweg durch eine Senke zu folgen.
Oben angekommen wenden wir uns nach rechts. Nach einiger Zeit erkennt man rechts im Wald einen Hochsitz und gegenüber in der Senke ein Feld. Auf dieser Höhe zweigt ein Pfad nach links ab, dem wir folgen, bis wir wieder auf einen Waldweg stoßen, der uns links in wenigen Metern zum Ausgangspunkt zurückführt.

Gastronomie:

Waldschenke „Hohe Mark“, Im Holt 300, 45721 Haltern,
Telefon 02360/105699

Die Hexenbuche in der Hohen Mark

Als die Menschen noch nicht so viel gemessen und geforscht haben, da erklärten sie sich das Unerklärbare mit Phantasie oder Aberglauben. So rankten sich auch zahlreiche Legenden um die Hexenbuchen in der Hohen Mark. Heute weiß man, dass sie aus einer genetischen Anomalie entstehen. Aber wir wollen eine Geschichte erzählen für alle, die noch an Märchen glauben.

Vor vielen hundert Jahren lebte in der Hohen Mark eine weise Frau. Sie wusste alles über die Kräuter, die Pflanzen, die Tiere und alles über die Sterne und den Himmel. Sie konnte aus den heiligen Quellen lesen, sie wusste den Flug der Vögel zu deuten und sie machte Rituale, um die Menschen zu heilen und um die heiligen Tage im Jahreskreis zu feiern. Heute würde man sagen, sie war eine Hexe. Damals war sie die Druidin. Ihre Heiligtümer waren nicht die Kirchen und Tempel, nein, sie hatte heilige Bäume, Quellen und Wälder. Und diese spezielle Frau hatte einen heiligen Ort: eine himmelstrebende Buche. Mit ihrem silbergrauen Stamm ragte sie in den Himmel und ihre weite Baumkrone überspannte einen Opferplatz darunter.

Und so kam die Druidin, die sich Amhuit nannte, jeden Tag zu ihrem heiligen Baum und sprach mit den Pflanzen und Tieren. Sie war angesehen und geachtet in ihrem Dorf. Ihr Lederbeutel war gefüllt mit Schlangenhaut und Kaninchenknochen und, je nach Jahreszeit, erntete sie Blätter, Blüten und Wurzeln. Jedes Kraut verarbeite sie, damit es den Menschen als Medizin diente.

Doch dann kam ein Volk aus dem Süden, das das Dorf überfiel und verwüstete. Nur Amhuit konnte sich retten. Sie war gerade im Wald, als der Angriff begann: Sie wusste, dass sie ihrem Volk nicht mehr helfen konnte,

und in ihrer Verzweiflung wandte sie sich an ihren heiligen Baum: „Bitte hilf mir. Ich muss mich verstecken, um zumindest das Wissen und das Andenken an mein Volk zu bewahren. Verstecke mich! Mach mich unsichtbar!“
Und da tat sich in dem riesigen Stamm eine Tür auf, und die Heilerin konnte sich dahinter – in einem Hohlraum im Stamm – verstecken. Viele Stunden blieb sie dort sitzen, und erst, als sie keine Schreie mehr hörte, bat sie den Baum, sie aus ihrem Versteck zu entlassen: Die magische Tür öffnete sich, und die Frau trat hinaus und begab sich sofort zum Dorf. Dort sah sie das Ausmaß der Verwüstung: ihre Sippe tot oder entführt und die Häuser verbrannt.
Da setzte sie sich auf den verbrannten Boden und weinte und klagte bitterlich, sie trank nicht und aß nicht. Erst nach drei Tagen stand sie auf, stärkte sich an der heiligen Quelle und ging zu ihrer Buche, um sich zu verabschieden. Sie würde eine neue Heimat finden und das alte Wissen ihres Volkes und das Andenken an die Menschen, die sie geliebt hatte, erhalten. Sie legte beide Hände an den silbergrauen Stamm und sprach einen letzten Gruß. Dann ging sie fort und dreht sich nicht mehr um. Doch der Geist des Baumes war so traurig und bestürzt über den Abschied, dass er sich von diesem Tag an immer mehr zur Erde neigte, wie eine gebückte alte Frau. Und so kam die Hexenbuche zu ihrer heutigen Gestalt.
Mittlerweile ist der Baum so krank und schwach geworden, dass er gestützt werden muss. Aber wer weiß, vielleicht kommt die Druidin eines Tages zurück, und dann wird sich die Buche wieder zu ihrer vollen Größe aufrichten.

Guter Mönch

Zwischen dem verlassenen Kloster Marienborn und der Handelsstraße, die in etwa über die heutige Granatstraße führte, steht das Denkmal des „griesen Mönchs". Der graue Mönch war als Einsiedler in das Kloster gezogen, begleitet nur von einem Wolf.

Den Nonnen des Klosters Marienborn wurde es irgendwann zu gefährlich. Immer wieder hatten sie unter den Räubern und Banditen zu leiden, die in der einsamen Gegend unterwegs waren. Die Zisterzienserinnen zogen schließlich nach Coesfeld und gründeten dort ein neues Kloster.

So kam es, dass ein alter Mönch, der am liebsten allein war und immer eine graue Kutte trug, dieses aufgelassene Kloster als Einsiedelei nutzte. Sein einziger treuer Gefährte war ein zahmer Wolf, auch sein Fell war grau. Die Ruhe der beiden wurde immer wieder gestört, denn versteckt im Wald überfielen die Räuber die Handelsreisenden und verwundeten diese häufig schwer. So abgelegen und verlassen, wie die Region zu dieser Zeit war, wurden die Verletzten kaum gefunden und mussten einen qualvollen Tod sterben.

Und so streiften der griese Mönch und der graue Wolf durch die Wälder der Hohen Mark auf der Suche nach Menschen in Not. Da den Räubern der Wolf nicht ganz geheuer war, ließen sie die beiden in Frieden. Welch ein Glück für die Reisenden, denn das Gehör des Tieres war so fein, dass es die Schreie der von den Banditen Überfallenen über viele Kilometer hören konnte. Und so eilten die beiden jedes Mal zu Hilfe, retteten und bargen die Verwundeten und pflegten sie anschließend gesund. Kein Wunder also, dass sie bis heute verehrt werden und ihnen ein eigenes Denkmal gesetzt wurde.

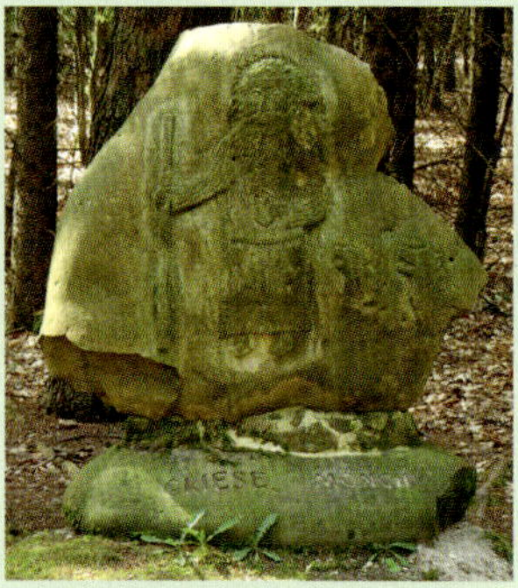

Dem Griesen Mönch ist ein Denkmal gesetzt.

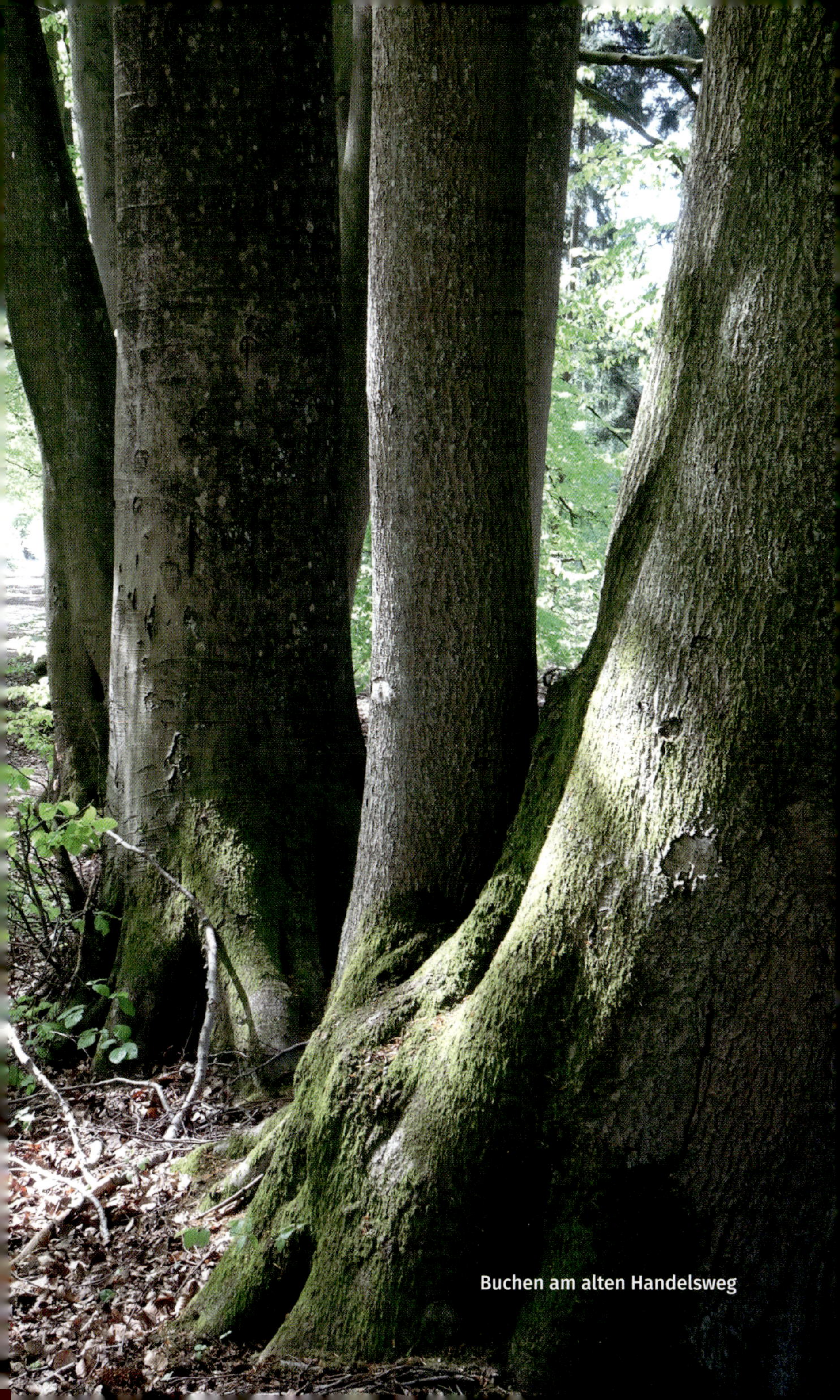

Buchen am alten Handelsweg

Tour 10

Startpunkt

Zwischenziele

Zielpunkt

Haltestelle

Parkplatz

Gastronomie

Sehenswürdigkeit

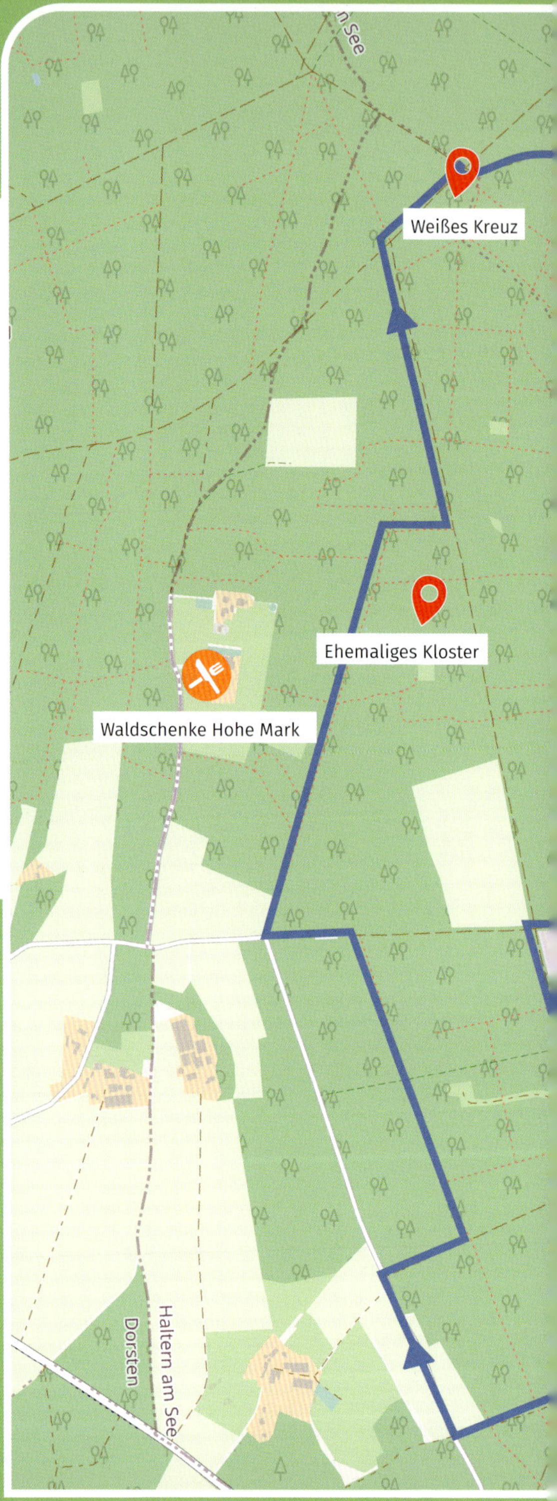

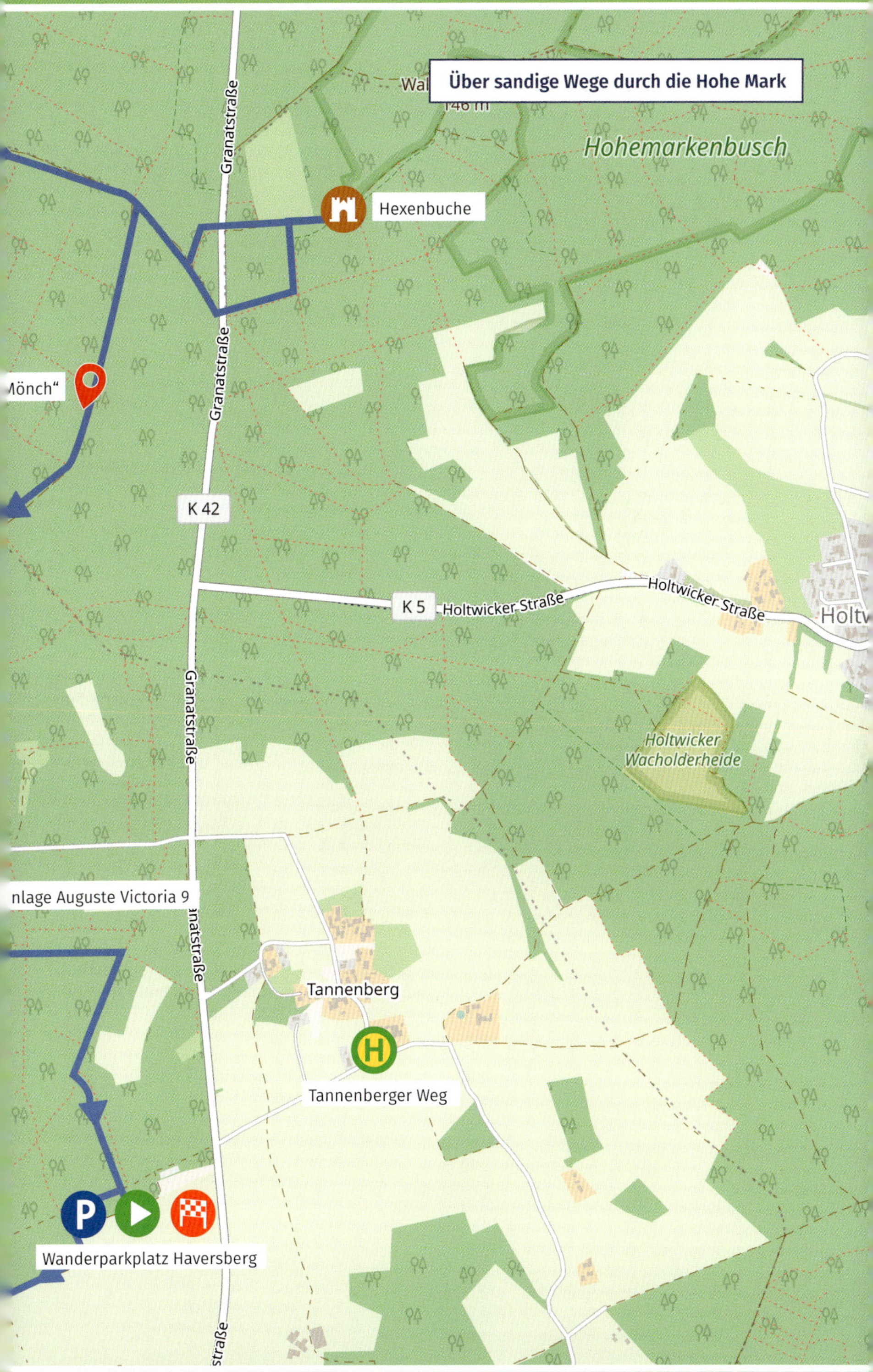
Über sandige Wege durch die Hohe Mark
Hohemarkenbusch
Hexenbuche
Granatstraße
K 42
K 5
Holtwicker Straße
Holtwicker Straße
Holtwicker Wacholderheide
Granatstraße
Tannenberg
Tannenberger Weg
Wanderparkplatz Haversberg

Was die Teufelssteine erzählen

Auf den höchsten Berg des Naturparks Hohe Mark

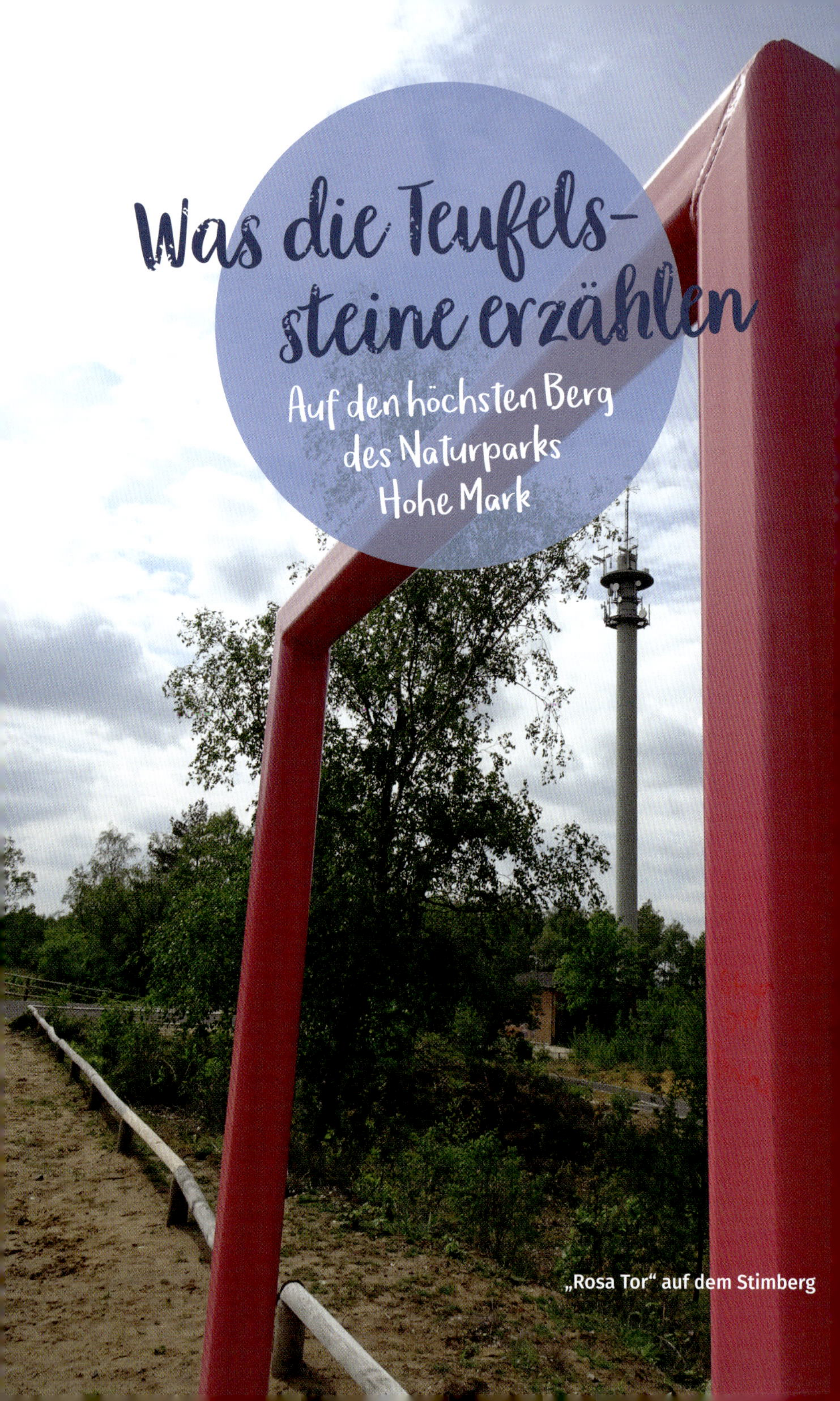

„Rosa Tor“ auf dem Stimberg

Der Stimberg gehört zur Haard und ist mit 156 Metern die höchste Erhebung des gesamten Naturparks Hohe Mark. Auf seinem Gipfel erzählen besondere Felsformationen, die Teufelssteine, ihre Geschichte, und an seinem Fuß sind zahlreiche Gräber aus der Keltenzeit belegt. Das lässt den Schluss zu, dass es sich hier immer schon um einen heiligen Ort gehandelt haben könnte. Oft wurden heidnische Kultplätze mit dem Teufel in Zusammenhang gebracht, um die Menschen von den alten Ritualorten in der Natur in die Kirchen zu locken. Die Haard, von manchen als das kleinste Mittelgebirge Deutschlands bezeichnet, lässt sich auf dieser Runde gut erkunden und ihr endloser Wald vom Feuerwachturm aus von oben bestaunen.

Tour 11

3:15 Std. | 13 km | 500 Meter

Start/Ziel: Parkplatz gegenüber der Gaststätte „Mutter Wehner", Haardstraße 196, 45739 Oer-Erkenschwick
Wegbeschaffenheit: fast ausschließlich Waldwege und -pfade
Anfahrt mit ÖPNV: Von der Haltestelle „Jugendherberge" (Linie 226) ist dieser Rundweg in 15 Minuten zu Fuß zu erreichen.

Wegbeschreibung: Wir verlassen den Parkplatz an seinem der Gaststätte entgegengesetzten Ende auf dem Hohe-Mark-Steig. Dieser Markierung folgen wir und gehen an einem kleinen Graben entlang hangaufwärts. Der Steig führt uns bis zu einem breiteren Weg und auf diesem nach rechts. Kurz nach einer sehr schönen, alleinstehenden Buche orientieren wir uns immer noch an den Schildern und biegen links ab. 01_Buche An der nächsten Kreuzung queren wir den X5 und gehen geradeaus. Das Gelände fällt nach einiger Zeit nach links etwas ab, während es rechts etwas ansteigt. Auch unser Weg geht leicht bergauf. Erst an der Stelle, an der sich der Weg geradeaus sichtbar zu neigen beginnt, dort, wo rechts der kleine Buchenwald endet, verlassen wir den Hohe-Mark-Steig und nehmen den im rechten Winkel leicht ansteigenden Pfad nach rechts.

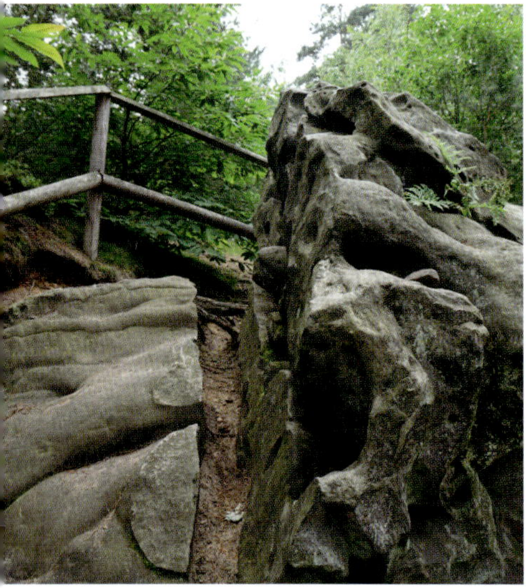

Der gespaltene Teufelsfelsen

Es geht über eine kleine Welle und dahinter kurz etwas abschüssiger auf einen Pfad zu, in den wir nach links einbiegen. An einer T-Kreuzung nehmen wir den Weg nach rechts, der an einer Lichtung entlangführt. Wir laufen auf eine Art Insel aus Sträuchern zu und wählen den linken der beiden Wege. Von links stößt nach einiger Zeit im spitzen Winkel ein Reitweg auf unseren Weg und geht rechts weiter, wir folgen ihm für wenige Meter nach rechts, halten uns dann links und kommen an der nächsten Kreuzung auf einen breiten Forstweg, in den wir nach rechts einbiegen.

An einem Holz-Kubus erreichen wir eine große Wegkreuzung. Der Platz wird „Sankt Johannes“ genannt und von einem großen weißen Kreuz geprägt. Daran und an fast im Wald verborgenen Picknick-

Am Weg

Der Stimberg: der höchste Berg der Haard

Der Stimberg ist mit 156,9 Metern Höhe nicht nur der höchste Berg der Haard, sondern auch der höchste Berg im Nationalpark Hohe Mark. Früher, im Kalten Krieg, stand auf seinem Gipfel eine Radarstation. Heute betreibt die Bundesnetzagentur den Turm, und das Gelände gehört der Stadt Oer-Erkenschwick, die sich sichtbar bemüht, den Ort wieder zu einem attraktiven und naturgerechten Naherholungsziel zu machen. Zu bieten hat der Berg einiges: Kurz unterhalb des Gipfels befindet sich ein Birkenwäldchen, durch das zahlreiche Pfade führen. Und noch ein bisschen tiefer, direkt an der Zufahrtsstraße oberhalb des Wanderweges, lässt sich ein geologischer Aufschluss bewundern: eine Bank aus Quarzit, wie man ihn hier oben oft antrifft. Vor rund 80 Millionen Jahren war diese Region ein Meer, in das aus dem südlichen Festland Sand abgelagert wurde – bis zu 300 Meter mächtig. Als sich das Meer zurückzog, trugen Wind und Erosion auch große Teile der Sande ab. Doch in der Haard sind die Sande durch Kieselsäure verfestigt und bilden bizarre Blöcke, die dem Stimberg aber trotzdem die nötige Standfestigkeit verleihen.

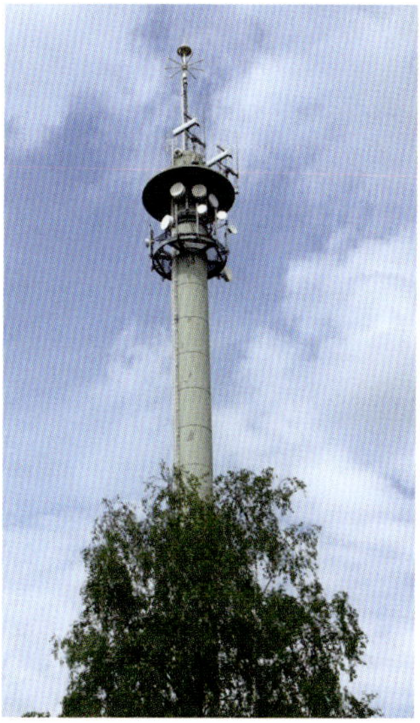

Weithin sichtbar ist der Stimberg Turm

Gastronomie:

„Mutter Wehner“, Haardstraße 196, 45739 Oer-Erkenschwick, geöffnet mittwochs bis sonntags von 9 bis 22 Uhr, Telefon 02368/9626510

Am Weg

Am „Sankt Johannes“

Der Platz ist so etwas wie das Verkehrszentrum der Haard. Die alten Wege, die sich seit Jahrhunderten fast gerade durch den Wald ziehen, dienen auch heute noch Radfahrern und Wanderern. Nicht von ungefähr, dass sich an diesem wichtigen Knotenpunkt bedeutendes gesellschaftliches Leben abspielte: Wo heute das Kreuz steht, soll früher ein „Heiliger Baum“ gestanden haben, an dem schon die Germanen Gericht hielten. Erst im 12. Jahrhundert soll der Gerichtsplatz nach Oer verlegt worden sein. Im Zuge der Christianisierung war aber schon vorher das Kreuz gesetzt worden – und es gibt sogar das Gerücht, dass sowohl der Heilige Suitbert als auch der Heilige Ludger hier gewesen sein sollen – die wichtigsten Missionare dieser Region.

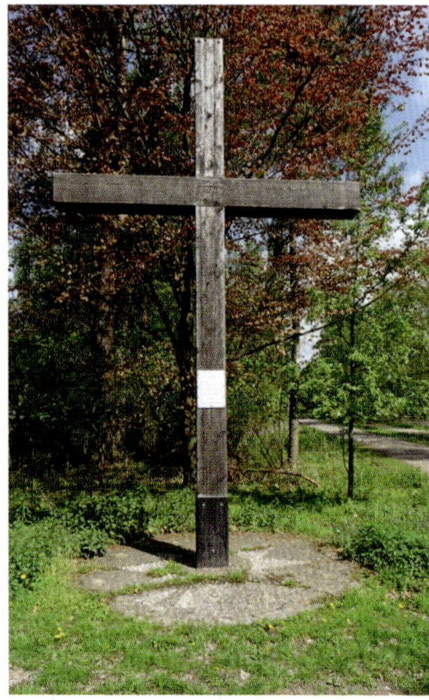

Am heiligen Baum

Plätzen gehen wir rechts vorbei, bevor wir nach etwa 300 Metern dem X14 nach rechts in einen Roteichenwald folgen. Diese Markierung führt uns über etwa 1,5 Kilometer auf verschlungenen Waldpfaden.

Nachdem wir einen Reitweg gekreuzt haben, zweigt der X14 an der nächsten Kreuzung nach links ab. Wir lassen uns von ihm noch einmal über den Reitweg führen. An der nächsten Kreuzung wenden wir uns allerdings nach rechts. Nach gut 300 Metern folgen wir der Markierung des blauen Stimbergweges zunächst nach links und verlassen ihn sofort wieder nach rechts. Wieder überqueren wir einen Reitweg und gehen geradeaus weiter. Bei nächster Gelegenheit biegen wir links ab und wenige Meter später nehmen wir an einer Y-

Kreuzung den rechten Weg. Diesem folgen wir für knapp einen Kilometer. Wir gehen auf einen Hang zu, der von Kiefern bewachsen ist und vor dem der Weg sich nach links wendet. In dieser Kurve zweigt rechts in einer kleinen Kuhle ein schmaler Pfad ab, der den Berg steil hinaufführt. Diesem Pfad folgen wir, biegen oben noch einmal nach rechts ab und gelangen zum Feuerwachturm auf dem Farnberg. Der Aufstieg wird durch eine beeindruckende Aussicht belohnt!
Danach geht es auf der Fahrstraße abwärts, bis wir an der nächsten Kreuzung am Hang entlang nach links abbiegen. Nachdem der Pfad wieder in dichten Wald geführt hat, zweigen wir nach etwa 150 Metern im spitzen Winkel in einen schmalen Weg nach rechts ab, relativ steil bergab. Geradeaus gelangen wir an einen breiten Weg, in den wir nach links einbiegen.

Am Weg

Feuerwachturm Farnberg

Der Aufstieg auf den 38 Meter hohen Wachtturm ist ein Muss auf dieser Runde. 179 Stufen führen auf die Aussichtsplattform, von der aus man einen weiten Blick auf das Ruhrgebiet und ins Münsterland, aber natürlich auch den Überblick auf die Haard genießt. Leider sind die Plattformen der drei Wachttürme der Haard nur noch den Wächtern zugänglich. Das ist zwar schade, doch die Anstrengung lohnt sich trotzdem. Das Treppensteigen erfordert allerdings ein bisschen Schwindelfreiheit, da die Absätze jeweils nur aus Eisengittern bestehen, durch die man den immer weiter entfernten festen Boden unter sich sehen kann …

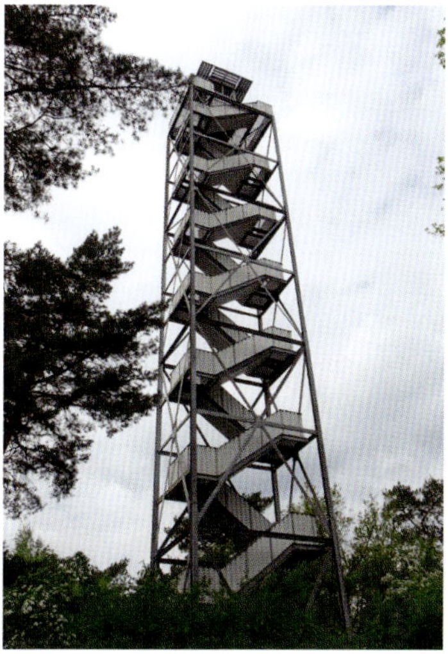

An der nächsten Kreuzung folgen wir nach rechts dem blauen Stimbergweg-Schild, bis wir an eine sternförmige Kreuzung kommen. Wir nehmen den breiten sandigen Weg, der im rechten Winkel nach rechts abbiegt. Hier befinden wir uns wieder auf dem Hohe-Mark-Steig. Vor der Bergkuppe folgen wir diesem links herum. Der Weg leitet bald an einem Holzzaun entlang, der das Naturschutzgebiet Stimberghöhe schützt, und erreicht eine kleine Straße, die rechts zum Gipfel hinaufführt.

Nach dessen Besuch gehen wir auf der Straße bis genau hierher zurück. Nun folgen wir dem blauen und orangen Stimbergweg vom Gipfel kommend nach rechts. Nach einem Kilometer treffen wir hinter einer Schranke auf eine Straße, in die wir nach rechts einbiegen. Auf dieser Straße bleiben wir und gelangen im Tal an einen großen Waldplatz. Hier zweigt nach rechts ein breiter Weg ab, rechts davon aber auch noch ein schmalerer Pfad, markiert wiederum als Hohe-Mark-Steig. Diesem folgen wir durch den Wald. An der ersten T-Kreuzung, wo wir auf eine mit einer Eiche zusammengewachsene Birke zulaufen, biegen wir auf dem Steig nach links ab. Der Waldweg führt uns wiederum an eine T-Kreuzung, und wir gehen nach rechts. Die Kuppe rechts des Weges ist ein Hügelgrab aus der Eisenzeit, wie uns eine Informationstafel an der nächsten Kreuzung erklärt. Hier nehmen wir den Weg nach links und lassen uns von den Markierungen des Hohe-Mark-Steigs zurück zum Parkplatz leiten.

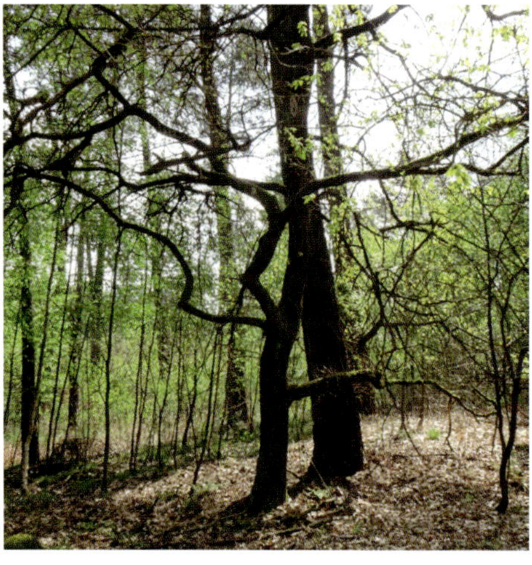

Manche Bäume tanzen aus der Reihe

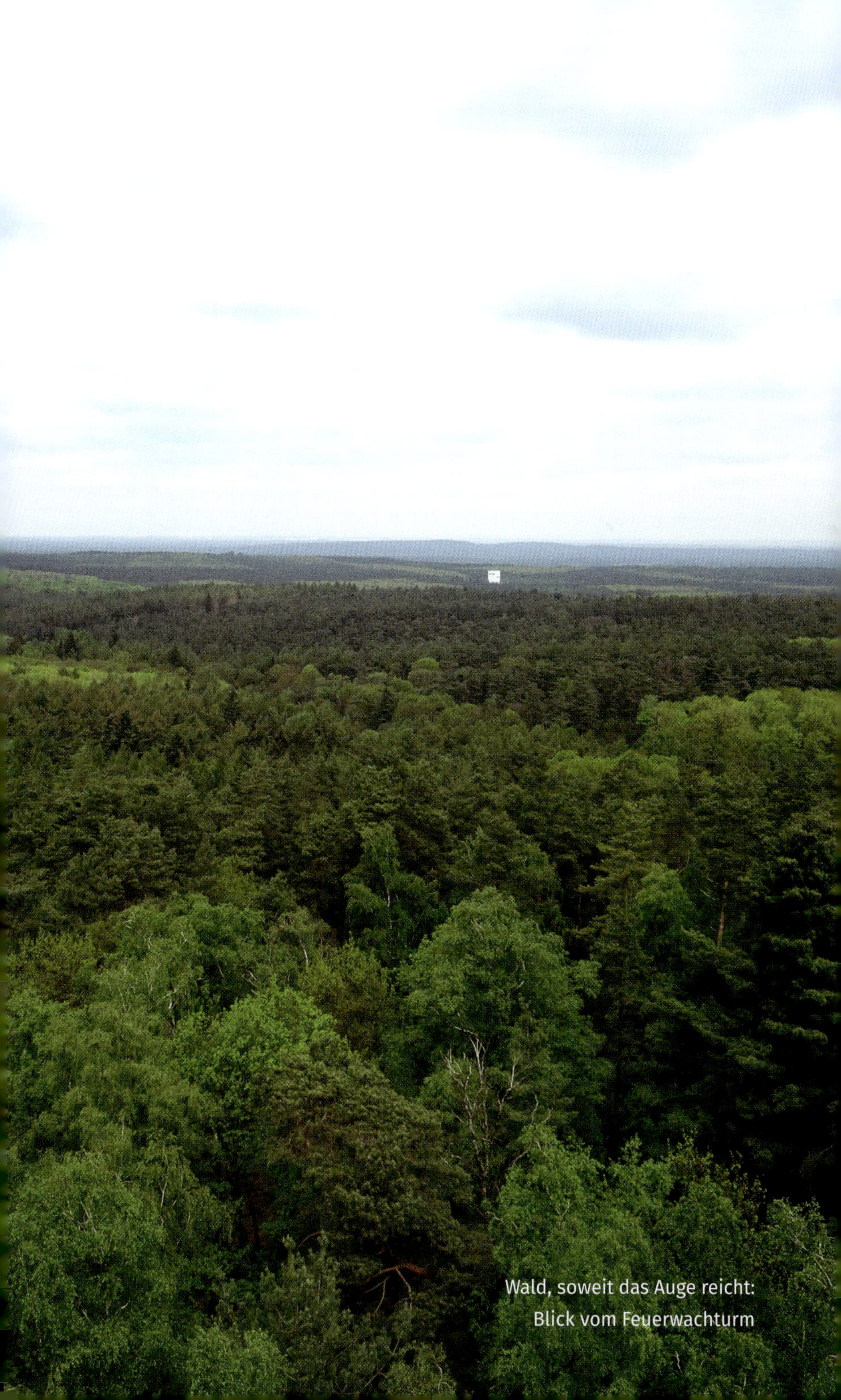

Wald, soweit das Auge reicht:
Blick vom Feuerwachturm

Der schlaue Baumeister und der Stimberg-Teufel

Die Sage von dem überforderten, aber trotzdem cleveren Baumeister der Petruskirche in Recklinghausen handelt vom Vorgängerbau der Kirche, der bei einem Brand 1247 zerstört wurde. Der Schlussstein mit der Abbildung des Baumeisters wurde nachgebildet und ist heute über dem Altar zu sehen. Das Baumaterial für die Petruskirche stammt nachgewiesen aus dem alten Steinbruch am Stimberg. Wenn man sich dem Gipfel von der Ostseite nähert, kommt man an den historischen Steinbrüchen, die noch als Kuhlen erkennbar sind, und auch an den sogenannten Teufelssteinen vorbei.

Es war einst der Baumeister der Petruskirche in Recklinghausen etwas überfordert mit dem von seinem Herrn gesetzten Fertigstellungstermin. Sein Problem war die Anlieferung der Steine aus dem Steinbruch vom Stimberg. So schnell, wie er die Steine benötigte, konnten sie nicht geliefert werden. Und so zitterte er und wusste irgendwann, dass er den Termin nicht würde einhalten können. Die einzige Hilfe, die ihm noch einfiel, war nicht etwa, zu Gott zu beten, was man sich eigentlich erwarten würde. Nein, er rief den Herren der Dunkelheit an.

Und der Teufel erschien im Gewand eines Baumeisters und sagte zu ihm: „Ich helfe dir, deine Kirche zeitgerecht zu beenden, und werde alles tun, um die Steine rechtzeitig zu liefern und den Bau voranzutreiben."

Der Baumeister war recht erfreut und antwortete dem Teufel: „Und was willst du als Gegenleistung von mir?"

Da antwortete der Satan, was er den Menschen auf diese Frage immer antwortet: „Ich will deine Seele."

Der Baumeister war ein schlaues Kerlchen und willigte ein, aber er hatte schon im Hinterkopf, wie er sich aus dem Pakt mit dem Teufel retten könnte. Sein Plan ging auf, der Teufel lieferte die Steine, und der Bau der Kirche wurde zeitgerecht fertiggestellt. Der Tag der Einweihung war nah, und der Teufel freute sich darauf, seinen Pakt zu beenden und die Menschenseele zu holen.

Doch damit hatte er nicht gerechnet: Der pfiffige Baumeister ließ den Schlussstein nicht in die Kirchenmauer einsetzen. Und so schien das Bauwerk zwar fertiggestellt, war es jedoch nicht wirklich. Wütend schaute der Herr der Dunkelheit durch die Finger. Das machte ihn gar nicht froh, und so packte er voller Zorn auf dem Stimberg einen riesigen Felsblock und schmiss ihn hinunter nach Recklinghausen, um das Gotteshaus zu zerstören und den Baumeister zu erschlagen. Doch da hatte Gott ein Einsehen, und der Wurf ging daneben. Der gewaltige Stein spaltete sich lediglich in drei Teile, die lange Zeit als riesige Findlinge zu sehen sein sollten. Verletzt wurde niemand. Und nachdem der Teufel erkennen musste, dass Gott gewonnen hatte, ließ er die anderen Felsblöcke liegen und verschwand voller Ärger und Groll über den cleveren Baumeister in einem Erdloch. Bis heute kann man die Teufelssteine unterhalb des Stimberg-Gipfels bewundern. Der Baumeister aber lachte sich ins Fäustchen und erntete den Ruhm und das Lob für den zeitgerechten Bau der Kirche. Bis heute kann man die Teufelssteine unterhalb des Stimberg-Gipfels bewundern.

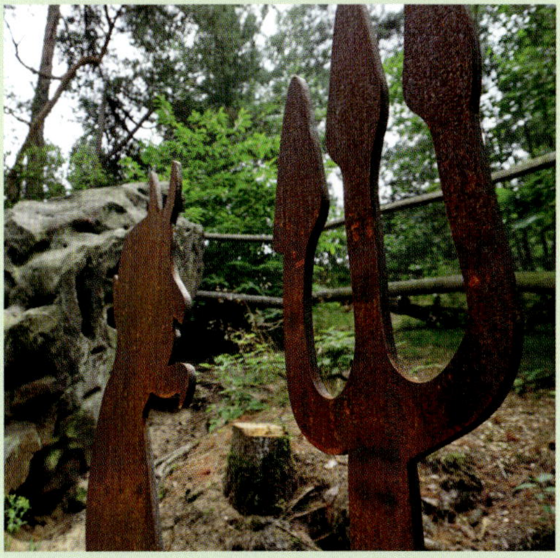

Der Teufel persönlich vor seinem Stein

Tour 11

Startpunkt

Zwischenziele

Zielpunkt

Parkplatz

Gastronomie

Sehenswürdigkeit

Aussichtspunkt

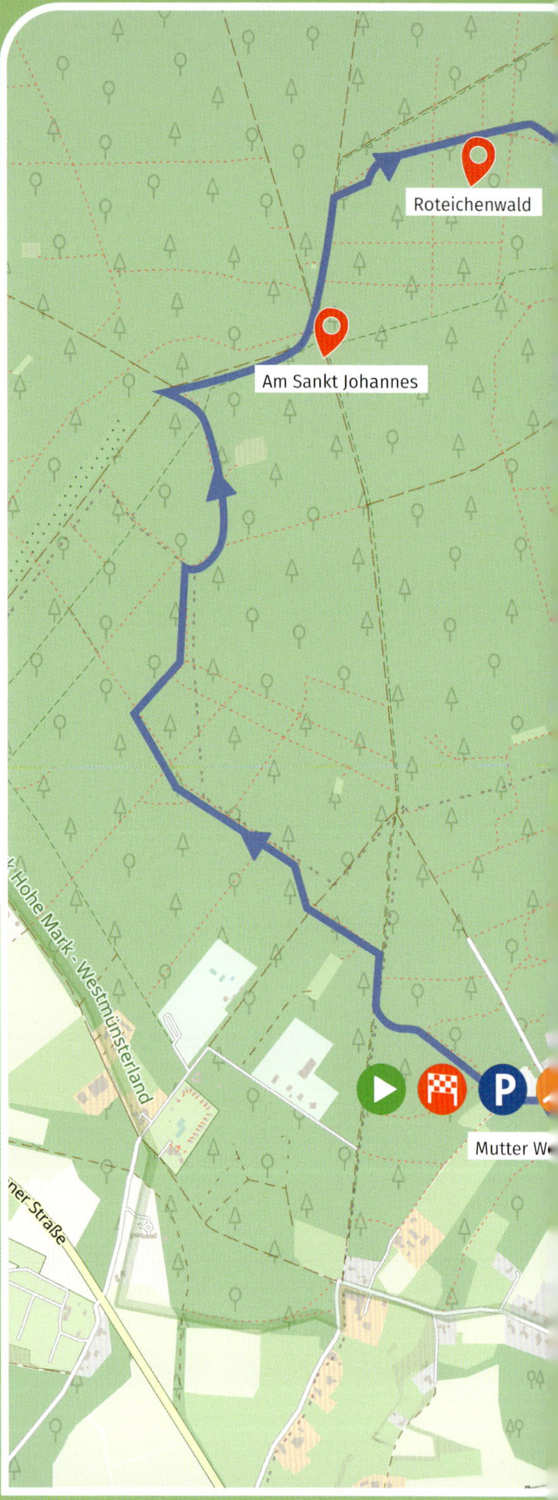

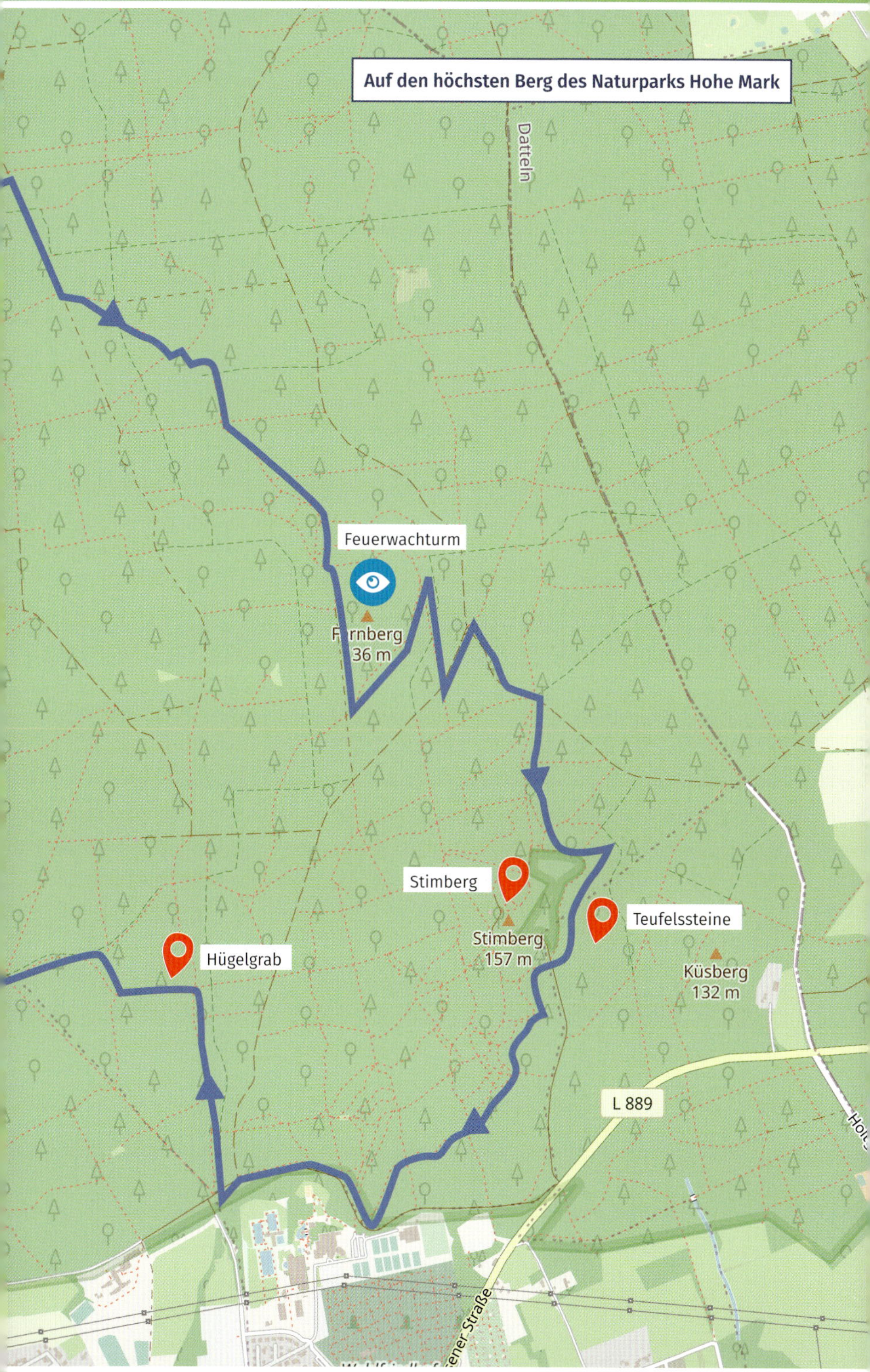
Auf den höchsten Berg des Naturparks Hohe Mark
Datteln
Feuerwachturm
Stimberg
Stimberg
157 m
Teufelssteine
Küsberg
132 m
Hügelgrab
L 889

Der gewitzte Mönch

An Kanal und Lippe in Hamm

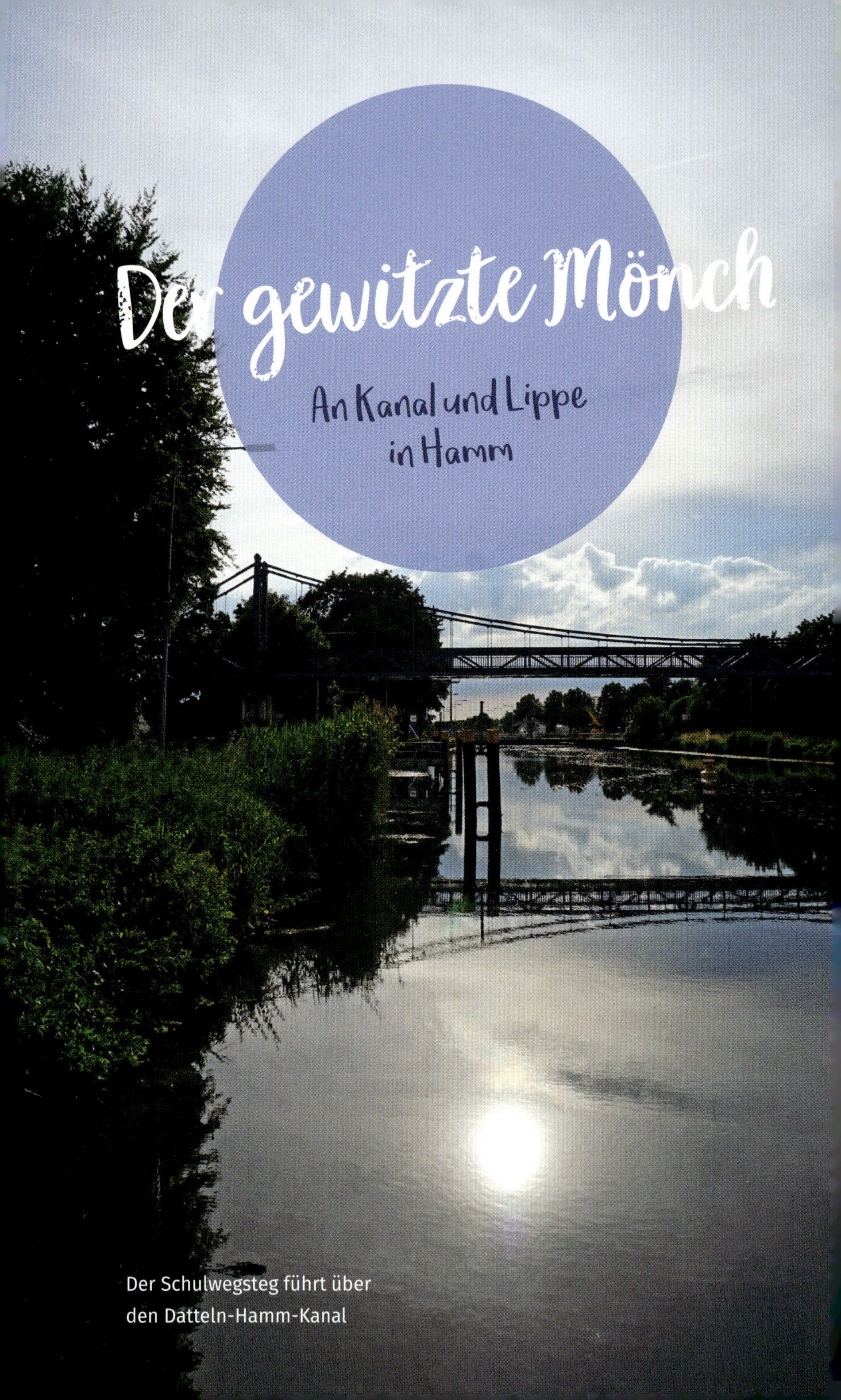

Der Schulwegsteg führt über den Datteln-Hamm-Kanal

Schade, dass die alte Kirche im Krieg zerstört wurde, sonst könnten wir die Wanderung an dem Chorgestühl der Agneskirche beginnen, dessen Holz der kluge Guardian einst „schoss“. So können wir nur die Wohnorte der handelnden Figuren besuchen: das ehemalige Kloster, in dem der Vorsteher der Franziskaner, der Guardian, lebte, Schloss Heessen und die Lippefurt. Diese sind verbunden durch eine sehr schöne Landschaft entlang des Kanals und vor allem durch die Lippeauen, die hier, am östlichen Rand des Ruhrgebietes, äußerst erholsam sind.

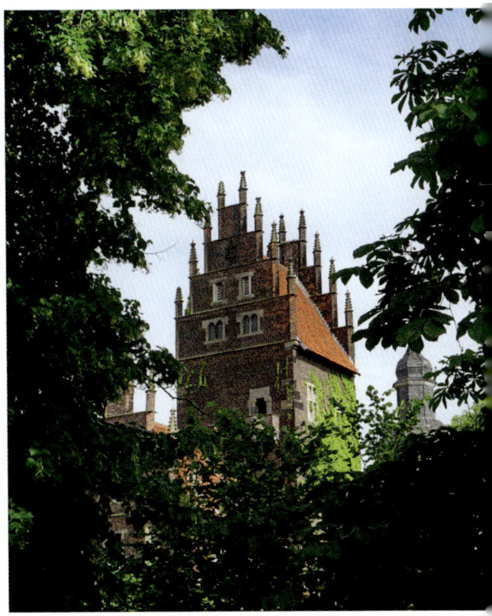

Turm von Schloss Heessen

Tour 12

3:00 Std. | 12 km | 48 Meter

Start/Ziel: Brüderstraße, 59065 Hamm
Wegbeschaffenheit: Schotterwege, Asphalt
Anfahrt mit ÖPNV: Haltestelle Oststraße

Wegbeschreibung: Diese Runde startet an der Agneskirche in der Hammer Innenstadt. Wir wenden uns Richtung Kanal, queren den Nordenwall und gehen in der Grünanlage rechts. Auf der anderen Seite der Straße gehen wir schräg links bis zum Gelände des Wassersportvereins Hamm. Dort nehmen wir den linken der beiden möglichen Wege.
Nun begleiten wir den Datteln-Hamm-Kanal bis zur nächsten Brücke, hinter der wir gleich links abbiegen. Noch vor der Gaststätte nehmen wir sofort den Weg, der unter der Brücke und durch die Lippeauen Richtung Schloss Heessen führt. An der nächsten Kreuzung biegen wir nach rechts ab und wandern bis zum privaten Schlossgelände, auf dem ein Internat untergebracht ist.

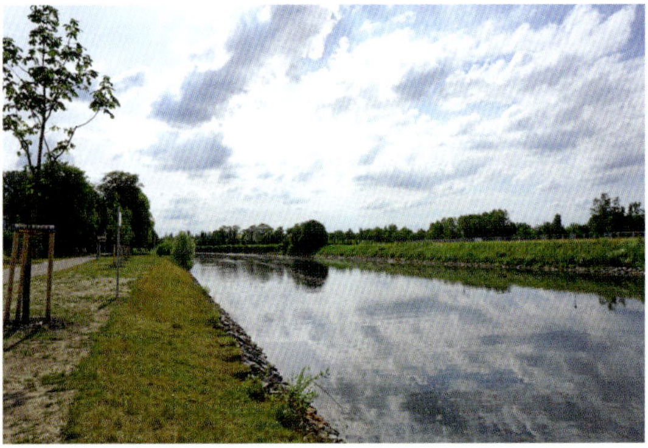

Am Datteln-Hamm-Kanal

Am Weg

Agneskirche

Leider ist das Chorgestühl, um dessen Holz es in der Legende geht, im Zweiten Weltkrieg zerstört worden, ebenso wie große Teile der 1515 geweihten Klosterkirche. Der heutige Bau wurde nach dem Krieg aus den Bruchsteinen wiedererrichtet, weitgehend in seiner historischen Form als turmlose Hallenkirche. Das Franziskanerkloster bildete im Mittelalter das Zentrum des religiösen Lebens der Stadt Hamm, und bis heute ist seine Bedeutung an zahlreichen Straßennamen abzulesen.

Am Weg

Schloss Heessen

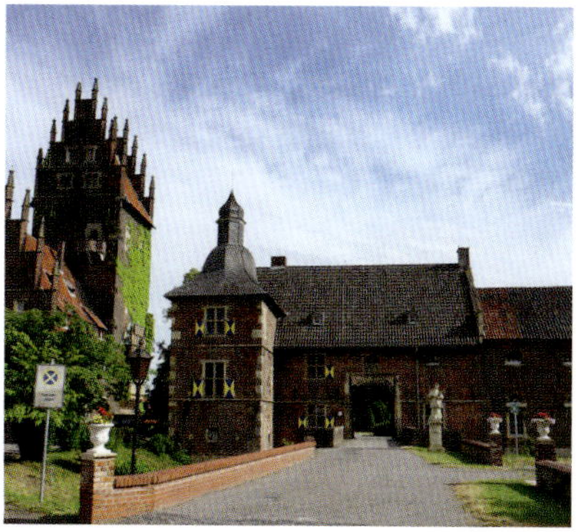

Inmitten der Hammer Lippeauen steht das Schloss Heessen, das heute ein Internat beherbergt und deshalb nur im Rahmen von Veranstaltungen und Führungen besichtigt werden kann. Aber auch von außen betrachtet, macht das Schloss etwas her: Häufig umgebaut und verändert, erhielt es Anfang des vergangenen Jahrhunderts wieder die historische Gestalt des 15. Jahrhunderts. Der damalige Besitzer, Dietrich von Boeselager, ließ sein Anwesen entsprechend wiederherstellen und durch einen Turm mit 30 Meter hohem und weithin sichtbarem Stufengiebel ergänzen.

Um in dem sumpfigen Gelände überhaupt bauen zu können, mussten die ersten Erbauer, die Familie von Volmerstein, Ende des 14. Jahrhunderts massive Eichenpfähle setzen. Sie haben stabil gebaut, denn bis heute stehen die Grundmauern des Schlosses darauf.

Informationen unter:

www.schloss-heessen.de/das-schloss/veranstaltungen

Unsere Richtung beibehaltend, wandern wir anschließend weiter. An der Gabelung gehen wir rechts und an einer Informationstafel, die über die Renaturierung der Lippeauen informiert, folgen wir dem nun asphaltierten Weg nach links, zweigen aber bei nächster Gelegenheit nach rechts ab.

Nun wandern wir durch den auf der Tafel beschriebenen Auenwald, biegen dahinter nach rechts und sofort nach links ab. An der Kreuzung nehmen wir den Niederwerrieser Weg Richtung Lippe. (Wer mag, kann hier noch einen Bogen über Schloss Oberwerries und die Lippefähre Lupia schlagen. Achtung: Fährzeiten beachten!)

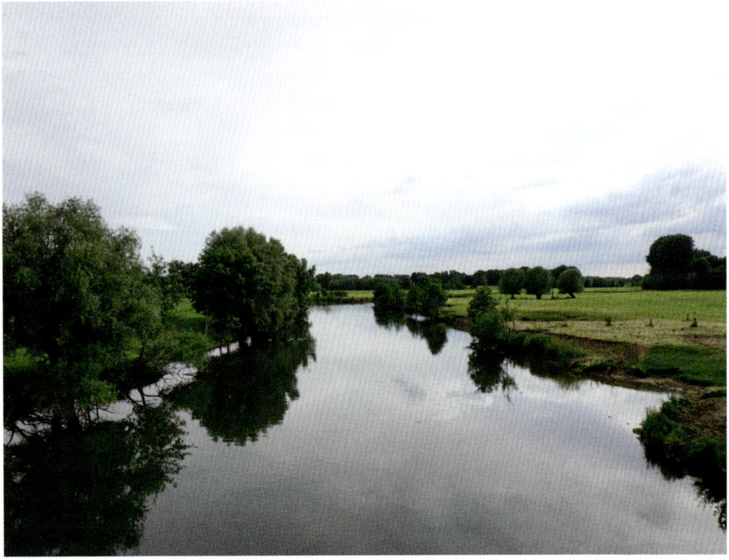

In den Lippeauen

Auf der anderen Seite des Flusses biegen wir auf dem Fahrradweg nach links in die Lippestraße ab und wenden uns gegenüber dem Restaurant nach rechts. Auf der anderen Seite des Kanals nehmen wir die Treppe ans Ufer hinunter und folgen den Schildern Richtung Hamm-Zentrum.

Am Schulwegsteg müssen wir den Kanal für eine Weile verlassen, wir halten aber parallel dazu die Richtung. Wieder überqueren wir die Lippestraße und gehen schräg geradeaus am Kanal weiter. Wun-

Gastronomie:

Diverse in Hamm

Bootshaus, Fährstraße 7, 59073 Hamm, Telefon 02381/987650, www.bootshaus-hamm.de

Haus Wiemer, Lippestraße 109, 59071 Hamm, Telefon 02381/83519, www.restaurant-wiemer-hamm.de

Altes Fährhaus, Fährstraße 1, 59071 Hamm, Telefon 02381/9563004, www.altes-fährhaus.com

derschöne Kastanien säumen den Weg und bieten auch im Sommer Schatten. Dort, wo kurz hintereinander zwei Wege abzweigen, die sich in einem Dreieck treffen, verlassen wir den Kanal auf dem ersten Weg schräg links und gehen geradeaus in den Kurpark von Bad Hamm. Am Ende der Teiche wenden wir uns nach links zur Straße und folgen dieser ebenfalls nach links bis zu einem Parkplatz. Dort gegenüber wandern wir wieder in den Kurpark an besonderen Bäumen vorbei auf das Gradierwerk zu.
Anschließend können wir noch den Botanischen besuchen und von dort an dem Gewässer entlang auf den Kanal zugehen. Dort schwenken wir nach links ein und gehen auf dem gleichen Weg zurück, auf dem wir gekommen sind.

Am Weg

Bad Hamm

Dass Hamm einmal ein Kurbad gewesen ist, ist angesichts der heutigen Großstadt für Ortsunkundige zunächst einmal überraschend. Doch von 1882 bis 1955 durfte sich der Badekurort offiziell Bad Hamm nennen – Grundlage war eine Solequelle, die inzwischen versiegt ist. Wer aber durch den alten Kurpark wandert oder sich am Gradierwerk niederlässt, bekommt noch eine Ahnung von der Zeit, als Menschen hier Erholung und Heilung suchten.

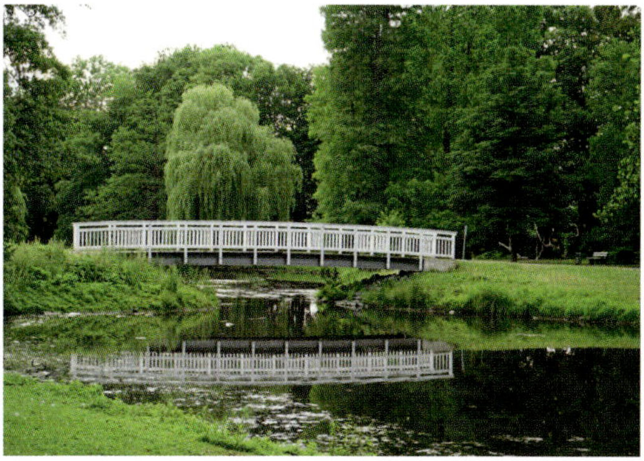

Im Kurpark von Bad Hamm

Der Bruder Guardian und der geizige Graf von Heessen

Die Sankt-Agnes-Kirche in Hamm an der Brüderstraße war früher die Kirche des Franziskanerklosters. Das hölzerne Chorgestühl wurde im Krieg mitsamt der Kirche größtenteils zerstört. Wie dieses einst entstanden war, das erzählt diese Geschichte.

In Hamm im Franziskanerkloster lebte einst ein gar lustiges und närrisches Mönchlein. Es ist den Franziskanern nicht erlaubt, eigenen Besitz zu haben, und deshalb musste einer von ihnen ausziehen und um Gaben bitten. Der einfallsreichste von ihnen war der Guardian selbst, und so machte sich der Klostervorsteher jeden Tag auf den Weg, um Geld oder Spenden zu erbitten.

Seinen größten Spaß hatte er dabei, wenn er sich rechte Geizkrägen aussuchte und sie mit seiner vorwitzigen Art in einen Hinterhalt lockte. Und so geschah es eines Tages mit dem Besitzer des Hauses Heeßen, der für seinen Geiz bekannt war.

Als unser Bruder Guardian den Grafen traf, war dieser gerade auf dem Weg zur Jagd. „Was wollt ihr denn, Bruder Guardian?", fragte der Graf ganz scheinheilig.

„Milde Gaben, Herr Graf!", buckelte der Mönch. „Denkt an das Himmelreich und an die reiche Belohnung eurer Seele, wenn ihr Gutes tut."

Der Graf lachte nur: „Alles Unfug! Daran glaube ich nicht." Trotzdem fügte er, teils in einem Anfall von Geberlaune, teils, um den Mönch auf die Schüppe zu nehmen, hinzu: „Friedliebender Bruder Guardian, könnt Ihr schießen? Was Ihr trefft, gehört euch und eurem Kloster!"

Der Graf hätte nie gedacht, dass ein Mönch mit zur Jagd kommen würde, aber unser gewitzter Bruder Guardian folgte der Jagdgesellschaft frohen Mutes. Aller Spott und Hohn, der sich von den anderen Jägern über ihn ergoss, konnten ihn nicht davon abhalten. Endlich angekommen, liefen die Jäger hinter ihren Hunden in den Wald, nur der Graf blieb

stehen und gab eines seiner Gewehre dem Mönch. Danach verschwand auch er im dichten Wald. Und unser Guardian? Er war sehr fleißig, man hörte ihn ohne Unterlass schießen, bis alle Munition verbraucht war.
Der Graf lief herbei und wollte sehen, was der Mönch geschossen hatte: „Du bist mir ja einer, was hast du alles getroffen?“, fragte er ganz aufgeregt. Der Bruder Guardian sah sich um und zeigte auf alle Eichen, die rund um ihn herumstanden. Und da sah der erstaunte Graf, dass in jedem seiner Bäume ein Einschussloch war. „Warum hast du das gemacht? Du hast meine ganze Munition verschossen!“, schrie der edle Mann.
„Warum?“, fragte der Mönch ganz unschuldig. „Ihr habt gesagt, ich darf alles behalten, was ich schieße, und ich habe Holz geschossen, die Bäume gehören jetzt dem Kloster. Oder seid ihr ein Lügner und steht nicht zu Eurem Wort?“
Da musste sich der Graf auf einen Baumstumpf setzen, weil er so überrascht war von der Schlauheit des Mönchs. Bäume waren zu dieser Zeit ein wertvolles Gut. Und so sehr er sich auch ärgerte, der Handel war geschlossen. Der Bruder Guardian hatte ihn übers Ohr gehauen.
Und so lieferte der Graf einige Tage später alle geschossenen Bäume ins Kloster. Aus ihnen wurde das Chorgestühl in St. Agnes zu Hamm gebaut. Und was besonders schön war: Die Mönche hatten zusätzlich ein Jahr lang genug Holz zum Kochen und zum Heizen ihrer Klostermauern.

Der Bruder Guardian und das Geld

Der Besitzer des Hauses Ermelinghoff wollte seinen Bruder rächen, der von dem vorwitzigen Mönch an der Nase herumgeführt worden war. Und als der Graf zufällig dem Bruder Guardian begegnete, hatte er einen Plan. Er begrüßte ihn recht freundlich, und so gingen sie gemeinsam bis zur Lippe, die man damals nur über eine Furt überqueren konnte.

Der Graf wollte seine Schuhe nicht ausziehen und sagte zu unserem Guardian: „Bruder, Ihr seid doch von eurem heiligen Franziskus angeleitet, jedem Menschen jede Gefälligkeit zu erweisen?"
„Ja, ja, da habt Ihr recht", sagte der Guardian.
„Dann seid doch so liebenswürdig und tragt mich auf euren Schultern über den Fluss!", rief der Graf, und unser Guardian – nicht faul – nahm den Grafen huckepack und ging in den Fluss.
„Habt Ihr Geld in eurem Beutel, lieber Graf?", fragte der Mönch.
„Ja, natürlich", war die Antwort.
„Dann muss ich euch hier leider absetzen, mein Herr, weil der heilige Franziskus auch sagt, dass es uns verboten ist, Geld mit uns herumzutragen!"
Und so ließ der Mönch den verdutzten Grafen einfach mitsamt seiner Kleidung in den Fluss fallen. Von da an schimpfte der Graf von Ermelinghoff ganz fürchterlich auf den Mönch, aber er versuchte nie mehr, ihn in eine Falle zu locken.

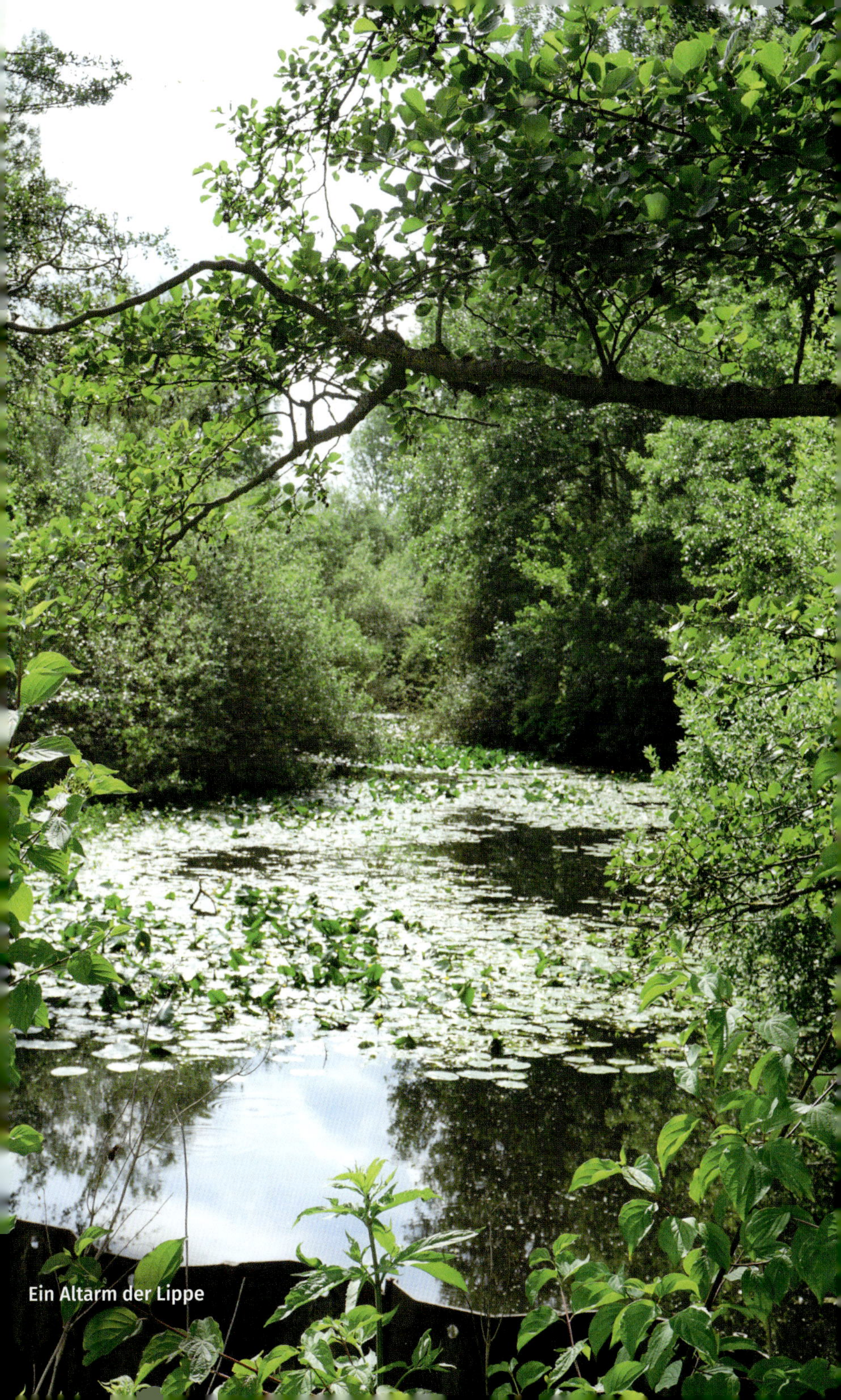

Ein Altarm der Lippe

Tour 12

Startpunkt

Zwischenziele

Zielpunkt

Parkplatz

Gastronomie

Sehenswürdigkeit

Aussichtspunkt

Kulturstätte

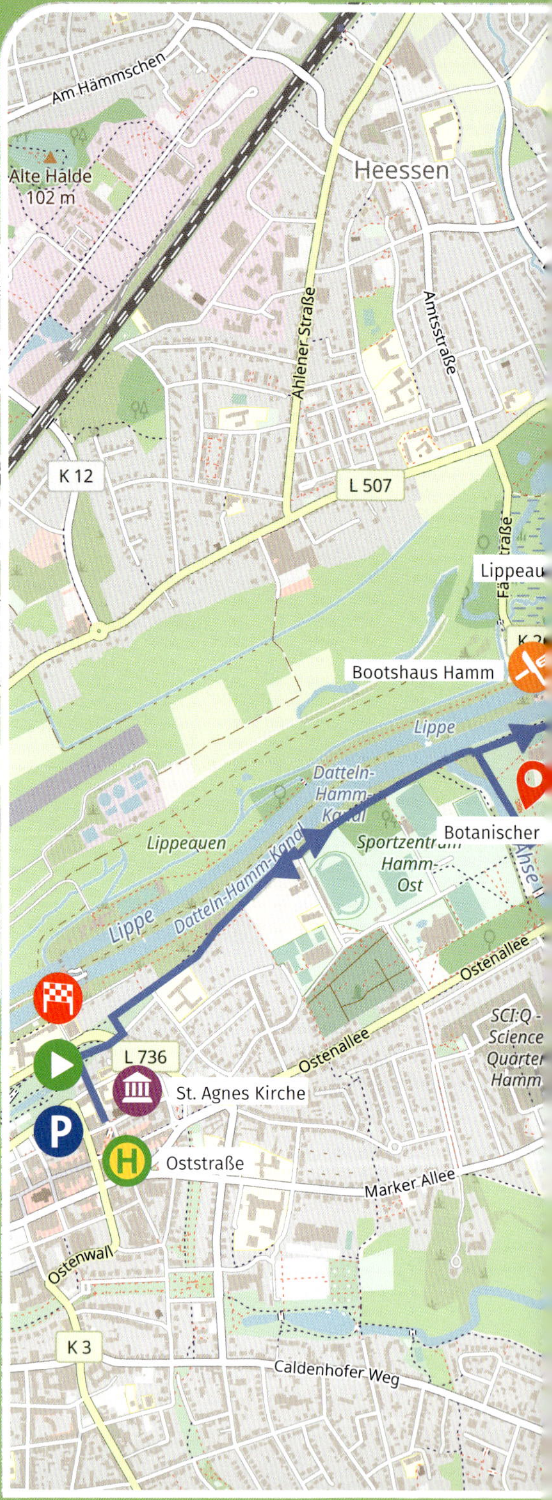

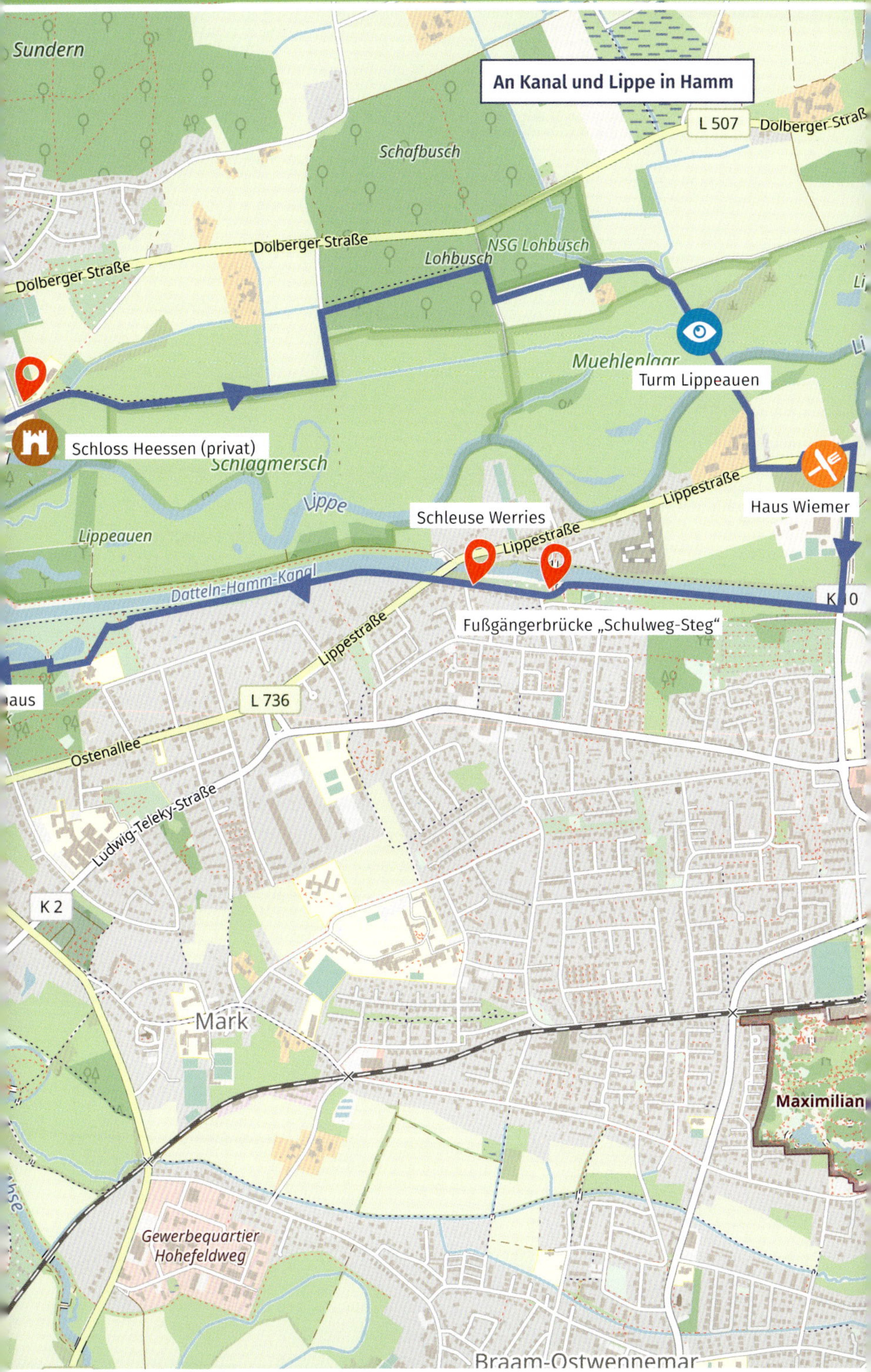

An Kanal und Lippe in Hamm
Sundern
Schafbusch
L 507
Dolberger Straß
Dolberger Straße
Dolberger Straße
Lohbusch
NSG Lohbusch
Muehlenlaar
Turm Lippeauen
Schloss Heessen (privat)
Schlagmersch
Lippe
Lippeauen
Lippestraße
Haus Wiemer
Schleuse Werries
Lippestraße
Datteln-Hamm-Kanal
K 10
Fußgängerbrücke „Schulweg-Steg“
Lippestraße
aus
L 736
Ostenallee
Ludwig-Teleky-Straße
K 2
Mark
Maximilian
Gewerbequartier Hohefeldweg
Braam-Ostwennemar

Praktische Hinweise

Selbstverständlich sind alle Touren in diesem Wanderführer erprobt, und die Wegbeschreibungen und Kartenausschnitte sind so detailliert, dass sie auch ohne technisches Gerät problemlos nachgewandert werden können. Wer zur Sicherheit trotzdem die GPX-Daten herunterladen möchte, findet diese auf der Internetseite des Verlages. Da die vorgestellten Wege in die Natur führen, sind sie der Witterung und damit der Veränderung ausgesetzt. Sollten Sie feststellen, dass irgendwo unüberwindbare Hindernisse entstanden sind oder dass die Wegführungen sich verändert haben, dann sind Autorinnen und Verlag für einen Hinweis sehr dankbar.
Die im Buch vorgenommenen Wegzeitberechnungen orientieren sich an der vom Deutschen Wanderverband und von den Alpenvereinen in Deutschland und Österreich angenommenen Durchschnittsgeschwindigkeit von vier Kilometern pro Stunde im ebenen Gelände.
Bitte beachten Sie, dass es sich bei diesen Angaben um die reine Gehzeit handelt: Auf vielen dieser Touren ist am Wegrand so viel zu sehen und zu entdecken, dass Sie auf jeden Fall zusätzliche Zeit einplanen sollten – und entsprechend Proviant und Getränke. Und übrigens gilt generell: Wandern geschieht immer auf eigene Gefahr.
Alle Strecken in diesem Wanderführer sind unter normalen Umständen ungefährlich und leicht zu gehen. Sie eignen sich hervorragend für Ausflüge im ganzen Jahr – eigentlich egal, bei welchem Wetter.

Die GPX-Daten zu den Touren finden Sie unter
http://www.klartext-verlag.de/gpx-daten